JN085487

ミクロ経済学パーフェクトガイド

Microeconomics

伊藤元重・下井直毅

日本評論社

はじめに

　本書は、日本評論社から刊行されている『ミクロ経済学 第3版』を補完するためのポイント解説・問題集です。『マクロ経済学パーフェクトマスター 第2版』に続いて、下井直毅氏との共著としてまとめました。本書はミクロ経済学のポイントを簡潔に整理した部分と、問題を解くことで理解を深める部分から構成されていますが、これで多くの人にミクロ経済学をより深く理解してもらえればと願っています。

　経済学を学ぶための重要なポイントは、基本的な概念を自分の頭でしっかり理解することにあります。この本のポイント解説部分を読んでいただければわかるように、基本的な概念はそれほど多くはありません。その限られた基本概念を自分の頭でしっかりと理解することが重要なのです。そのためには、まず教科書を読むことが必要ですが、そのうえで、いろいろな問題を自分の頭で考えることが有効です。私の個人的な経験からいっても、教科書を読んで理解したと感じるレベルと、実際に問題を自分で解いてみて「わかった」と感じるレベルでは、その理解の深さの程度が一段違うように思います。このパーフェクトガイドを利用して、より多くの読者に、さらに深いレベルの「理解」を味わってもらえればと願っています。各章の冒頭にある概要をざっと読むことも、自分がどのような概念を学ぼうとしているのか概観するうえで有益であると思います。

　すでに他の教科書でミクロ経済学を学んだ方も、この本の問題に取り組んでみることで、ミクロ経済学の理解の幅を広げることができるのではないかと考えています。ミクロ経済学という学問は国際的に非常に標準化が進んでいて、どの国のどの教科書を使っても、その内容はそれほど違うものではありませんが、それでも著者の癖や好みがあります。その意味では、異なった著者の教科書や問題集にチャレンジすることは、同じテーマを違った角度で見ることにつ

ながるかもしれません。

　『ミクロ経済学』の初版が出版されてから、すでに30年以上経っています。その後、この本を大幅に改訂した第3版を、日本評論社編集部の吉田素規さんに担当してもらいました。他の職務で忙殺されてなかなか筆が進まない筆者を粘り強くサポートされ、ついにこの本の刊行にまでこぎつけることができました。下井氏ともども、この場を借りて感謝したいと思います。

2023年7月

著者を代表して

伊藤元重

目 次

0
ミクロ経済学とは
ポイント解説

　ミクロ経済学は、例えば、電力やガスなどの公共料金、スーパーやコンビニの商品の価格、アルバイトの賃金水準などのさまざまな価格の動きと深くかかわっている市場メカニズムを分析するための手法です。

社会主義に欠けていたものは何か

　旧ソ連や北朝鮮（朝鮮民主主義人民共和国）、かつての中国などの社会主義国に欠けていたものは、市場メカニズムあるいは価格メカニズムと呼ばれるものです。市場メカニズムの大きな基本的特質として、以下の3点を挙げることができます。

① 企業間の厳しい競争がある：競争によって自然淘汰のメカニズムが働き、より生産性の高い生産者だけが社会に残ります。
② 消費者の自由な選択の権利がある：買いたいものを自由に買えるというものです。市場経済は、本来は消費者主権的な経済です。
③ 価格を通じた需要と供給の調整がある：価格を通じて、市場経済全体としての生産量と消費量の調整が行われます。

　中国の政治体制は共産党一党独裁で非民主主義の形をとっていますが、経済については1978年以降、改革開放政策が進められ、基本的に市場経済の仕組みが導入されました。市場経済への転換によって、中国は目覚ましい成長を遂げることができたのです。

誰が資源配分を行うのか

現在の日本やアメリカのような市場経済の国々に対して、社会主義の国々の
システムは、計画経済と呼ばれるものでした。計画経済の考え方は、政府が計
画的に資源配分を行おうとするものです。資源配分とは、労働、資本、エネル
ギーなどの資源を、どのような財やサービスの生産にまわすのか（配分するの
か）、そこで生産されたもののうち、どれだけを設備投資にまわし、どれだけ
を消費にまわすのか、また、それを誰がどれだけ消費するのかといった、さま
ざまな生産活動、消費活動、貯蓄投資活動などの結果の状態を指します。

計画経済は、資源配分の問題を中央集権的にコントロールしようとするもの
であるのに対して、市場経済は、企業や消費者の自由な行動の結果としての資
源配分を行おうとするものです。

市場経済では、生産性が高く効率的な企業に資源が配分されたり、予算の制
約のなかで強く必要とされる商品が各消費者の手に渡ったりすることになりま
す。ただ、市場経済がつねにうまく機能するとは限りません。自由な経済活動
によって生じるこうした歪みを市場の失敗といいます。

ミクロ経済学：資源配分のメカニズムを明らかにする分野

ミクロ経済学は、資源が限られている（希少である）なかで、資源配分のメ
カニズムを明らかにすることを主たる目的としています。

そうしたなかで、市場経済における資源配分機能では、価格が重要な役割を
演じています。価格は、財やサービスといったさまざまな商品の価格だけでは
ありません。労働サービスについての価格は賃金、外国の通貨についての価格
は為替レート、債券についての価格は利子率などになります。

資源配分のメカニズムを明らかにするためには、価格の動きだけを追ってい
ればよいわけではありません。生産、消費、交易（貿易）などに関しても多く
の問題があり、ミクロ経済学はこれらも考察対象としています。

ミクロ経済学の応用分野

　ミクロ経済学の分析は、資源配分メカニズムについて明らかにすることを主たる目的としていることから、多くの応用分野の基礎になっています。

　例えば、財政学では、税制の変化が生産や消費に及ぼす影響や、資源配分の効率性のための望ましい税制といったことが議論の対象となります。また、国際経済学では、一国を越えた国際的な資源配分の問題として、国際貿易や国際投資が分析の対象となります。

　そのほかにも、金融論や労働経済学では、金融市場や労働市場での価格メカニズムの機能の仕方や、そこでの資源配分の問題が議論されたりします。

市場の失敗とは

　旧ソ連が崩壊したように、資源配分の問題を中央集権的にコントロールしようとする計画経済は、どうもうまくいかなかったようです。ただ、市場経済もうまく機能しているわけではありません。

　自由な生産活動や消費活動は、しばしば公害などの環境問題を引き起こします。また、所得格差や分配の問題も引き起こします。そのほかに、独占企業が引き起こす問題、公企業でないと採算が合わないような産業の問題、リスクの問題など、自由な経済活動によって生じるこうした歪みを、市場の失敗と呼びます。

　市場経済が資源配分を効率的に行う機能を持っていることを明らかにすることが、ミクロ経済学の重要な課題である一方で、市場経済の限界である市場の失敗について明らかにすることもまた、ミクロ経済学の大きな課題です。

マクロ経済学との違い

　ミクロ経済学は、米価政策や電力料金など、個別産業の問題だけでなく、日本の税制のあり方や貿易が産業構造に及ぼす影響など、経済全体の問題も分析の対象となります。ミクロ経済学の主たる対象は、マクロ（大きい）であろう

がミクロ（小さい）であろうが、資源配分にかかわる問題になります。

　これに対してマクロ経済学は、経済全体の動きを大づかみにとらえようとするところにその特徴があります。マクロ経済学で取り上げられる景気、GDP、物価、失業率などの概念は、いずれも経済全体の状態をおおまかにとらえるものです。マクロ経済学の目的は、このような経済全体を大づかみにとらえる基本的な変数の間の関係について分析し、可能であるならそこから政策的に有益な示唆を得ようとするところにあります。

ミクロ経済学分析の2つの特徴

　1つ目は、経済合理性の前提です。これは、人々や企業が合理的な行動をすると考えるものです。現実には、人々は多くの非合理的な側面を持っています。しかし、人々や企業がある程度合理的に行動するなら、その変化の方向についておおよその予想をすることが可能になります。

　一方で、現実の人々がいつも合理的に行動しているわけではないことも明らかです。第2章では、人々の行動の心理学的な側面を強調することで、非合理的に見える経済行動について分析する研究を紹介します。こうした非合理的な行動パターンを分析する手法を行動経済学と呼びます。

　2つ目は、市場における相互作用のメカニズムが働くということです。産業間、消費者間、市場間などにさまざまな形の相互作用が働くために、経済現象はときに非常に複雑になります。こうした相互作用について理解することが、経済現象について分析する際に重要になります。

　例えば、政府系金融機関が低利で融資をした場合、人々の住宅購入の負担が下がるだけのように思うかもしれません。しかし、話はそんなに単純ではなく、住宅供給が増えない限り、低金利で融資した分は、地価を上げることになり、極端な言い方をすると、公的支援のある融資は、地主や住宅会社の利益を高めるだけで、住居の購入者の支援になっていないかもしれないのです。

　この例は、ミクロのレベルで正しいと考えられることが、経済全体で見ると正しくないという現象で、合成の誤謬（ごびゅう）と呼ばれます。

0
ミクロ経済学とは
練習問題

○×問題

1．市場経済には備わっていて、旧ソ連や北朝鮮（朝鮮民主主義人民共和国）といった国が採用する社会主義に欠けていたものとしては、企業間の厳しい競争がある。

2．過去の歴史を振り返ると、計画経済では、生産性が高く効率的な企業に資源を配分するように中央政府がうまくコントロールできた。

3．自由な経済活動によって生じる公害などの環境問題の歪みは、市場の失敗と呼ばれる。

4．ミクロ経済学では、人々や企業が合理的な行動を起こすことを前提にして分析することが多い。人々の非合理的な経済行動については、今日の経済学では、まったく分析の対象とはなっていない。

5．個々人の貯蓄が増えたときに、経済全体の貯蓄は当然増える。したがって、ミクロのレベルで正しいと考えられることが、経済全体で見た場合にも正しいことから、ミクロ経済学は重要な役割を果たしている。

解答

1．○。そのほかに、消費者の自由な選択の権利や、価格を通じた需要と供給の調整についても市場経済には備わっているが、社会主義には欠けている。

2．×。世界で最初の社会主義国であったソビエト社会主義共和国連邦（ソ連）は、1991年に消滅した。計画経済は、資源配分の問題を中央集権的にコントロールしようとするものだが、どうもうまくいかなかったようである。生産性が高く効率的な企業に資源が配分されるのは、むしろ市場経済のほうであ

る。

3．〇。市場メカニズムは、つねに理想的に働くわけではない。自由な経済活動によって所得格差が生じたり、独占企業が問題を引き起こしたり、公企業でないと採算が合わないような産業の問題が生じたり、リスクが発生する問題が生じたりと、市場の失敗が起こることは少なくない。

4．×。ミクロ経済学でも、人々の非合理的に見える経済行動について分析する研究が進んでいる。こうした非合理的な行動パターンを分析する手法は、行動経済学と呼ばれる。

5．×。ミクロのレベル、あるいは個々の立場で正しいと考えられることが、経済全体で見ると正しくないという現象は、合成の誤謬と呼ばれる。個々人の貯蓄が増えても、経済全体の消費が減少することで、結果的に経済全体の所得が低下して、経済全体の貯蓄が減少するという現象は、貯蓄のパラドックスと呼ばれる。

Part 1

需要と供給の理論

1
需要と供給
ポイント解説

まず、需要曲線・供給曲線に慣れよう

　まず、需要曲線と供給曲線の見方に習熟しましょう。図1-1を見ながら以下の点を確認してください。図1-1は、東京におけるおにぎりの需要と供給を表わしたものです。

① 需要曲線は、縦軸にとられた価格と横軸にとられた需要量の間の関係を示しています。通常、需要曲線は右下がりになっています。これは、価格が下がるほど需要量が増えると考えられるからです。おにぎりの1個当たりの価格が安くなると、東京におけるおにぎりの需要量が増大します。

② 供給曲線は、縦軸にとられた価格と横軸にとられた供給量の間の関係を示しています。通常、供給曲線は右上がりになっています。これは、価格が上がるほど供給量が増えると考えられるからです。おにぎり1個を高い価格で売れるなら、おにぎりを扱う店も増えると考えられるので、東京におけるおにぎりの供給量が増大します。

　需要曲線・供給曲線は、通常の財・サービス以外にも、いろいろなところで使われます。例えば、労働の需要・供給曲線を使って失業問題や賃金の動きなどを分析したり、資金の需要・供給曲線を使って金利（利子率）の動きを分析したりします。これらの応用例については、後の章で出てきます。

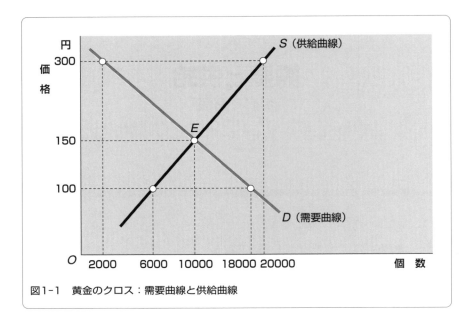

図1-1　黄金のクロス：需要曲線と供給曲線

需要と供給の一致する点が「鍵」となる

　需要・供給曲線の分析でもっとも重要な点は、この２つの曲線が交わる点です（図１-１の点E）。経済学ではこのような点を均衡点と呼び、この均衡点で価格や数量がどのような水準になるのか分析が行われます。

　均衡点とは、需要と供給が一致するところを指します。図１-１の点Eを見てください。その価格（150円）では、おにぎりの需要量も供給量も10000になっていることが読みとれるはずです。つまり、この価格の下では需要と供給は等しくなるのです。このような状況を均衡と呼びます。また、このときの価格（この場合は150円）を均衡価格と呼びます。

　均衡点の意味を理解するためには、この均衡価格と違った価格のところを見ればよいでしょう。例えば、もっと高い価格300円の下では、需要量（2000と読めるはずです）は供給量（20000と読めます）よりも少なくなっています。このような状況を超過供給と呼びます。要するに価格が高すぎて、供給量のほうが需要量よりも大きくなっているのです（このときの超過供給量は、18000（＝ 20000 − 2000）になります）。

　逆に価格が図1-1の100円のように低すぎると、今度は需要量（18000）が供給量（6000）よりも大きくなってしまいます。価格があまり低すぎると、需要のほうが供給よりも大きくなる<u>超過需要</u>の状態になってしまいます（このときの<u>超過需要量</u>は、12000（＝18000−6000）になります）。

　均衡とは、需要量と供給量が一致するような状況を指します。現実の経済でも需要量と供給量に大きな乖離があれば価格が調整するはずです。例えば超過供給で大量の売れ残りが生じれば価格は下がっていくでしょうし、超過需要で物が足りなければ価格は上がっていくはずです。こうした価格の調整を通じて、最終的には均衡の状態に行き着くだろうと考えます。そしてミクロ経済学の初歩的な分析では、この最終的に行き着くだろう均衡を主たる分析対象とします。

需要曲線や供給曲線の動きを理解する

　需要曲線や供給曲線はさまざまな理由によって<u>シフト（移動）</u>します。この変化によって価格や数量がどのように変化するかを見ることで、いろいろな経済現象が理解できます。

　では、労働市場で考えてみましょう。図1-2は、労働市場における需要（労働需要）と供給（労働供給）を表わしたものです。縦軸は、労働サービスの価格である賃金が記されています。横軸の労働需要は、企業などがどれだけの労働を需要するかということで、労働需要曲線は右下がりになっています。賃金が低いほど、企業は労働に対する需要量を増やすからです。一方、労働供給曲線は、どれだけの労働者がどれだけの時間働きたいと考えているのかを総計したもので、右上がりになっています。これは、賃金が高くなるほど、より多くの人がより多くの時間働こうとすることを示しています。

　労働市場の均衡点は、図1-2の点Eで、労働需要曲線と労働供給曲線が交わる点になります。均衡賃金W^*では、労働の需要量と供給量が等しくなっており、労働市場では過不足がない状態になっています。

　一方、均衡賃金より高いW^{**}の状況では、超過供給の状態で、超過供給量の分だけ失業が生じています。通常、超過供給の状態であれば、価格（この場合は賃金）が下がりますが、現実の世界で多くの失業者が出ても賃金がなかなか下がらないことは、<u>賃金の下方硬直性の問題</u>と呼ばれています。

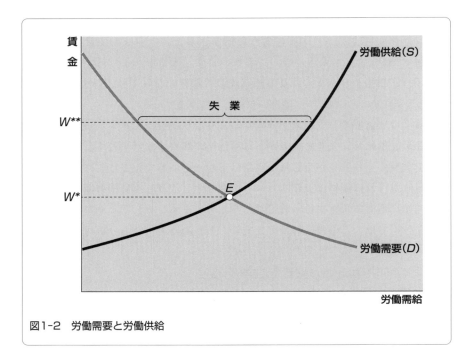

図1-2　労働需要と労働供給

　賃金の下方硬直性にはさまざまな理由が考えられます。そもそもいったん決まった賃金は契約に縛られることや、労働組合が存在することで、労働者の賃金の引き下げに対して抵抗が生じることや、賃金を引き下げると有能な労働者が辞めてしまうため、賃金の引き下げを行わないといったことなどがあります。

　さて、何らかの理由で労働への需要や供給の行動に変化が生じたときに、賃金や労働の需要量や供給量はどうなるでしょうか。図1-3①では、経済全体の景気が良くなって労働需要が増大し、労働需要曲線が右にシフトした状態が示されています。景気が良くなれば、どの賃金水準でもそれまでの労働需要量よりも増加すると考えることができるので、結果として、労働需要曲線自体が右にシフトします。これ以外にも、政府が雇用を増やす目的で企業に補助金を支給する場合でも同様の結果になります。その結果、新たな均衡は点 E′ になり、均衡賃金は上昇し、労働需要量も労働供給量も増えることになります。

　次に、労働供給曲線が右にシフトする状況を考えましょう。外国人労働者の流入を容認するような政策を政府がとった場合、図1-3②に描かれているよ

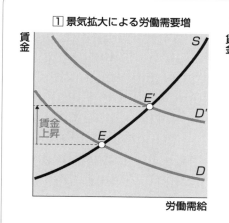
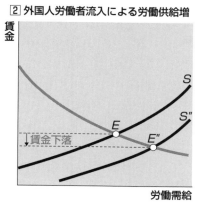

① 景気拡大による労働需要増　　② 外国人労働者流入による労働供給増

図1-3　労働需給の変化による賃金の変動

うに、労働供給曲線は右にシフトします。これは、どの賃金水準でも労働供給量が増えると考えることができるので、結果として、労働供給曲線自体が右にシフトすることになるのです。これ以外にも、女性の労働参加を支援するような政策や、シニアの雇用を増やすような政策も、同様に労働供給曲線を右にシフトさせると考えることができます。その結果、新たな均衡は点 E'' になり、賃金が下落し、労働需要量も労働供給量も増えることになります。

豊作貧乏のメカニズムについて

ここで、代表的な例として、豊作貧乏という現象を説明しましょう（詳しくは伊藤元重『ミクロ経済学 第3版』（日本評論社；以下、伊藤ミクロと略）31〜35ページを参照してください）。図1-4を用いてこの現象を説明してみましょう。この図には2つのタイプの需要曲線が赤い色の線で描かれています。実線のほうは需要量が価格にあまり敏感に反応しないタイプの需要曲線（図の曲線 D、価格に対して非弾力的な需要曲線と呼びます）、点線のほうは需要量が価格に敏感に反応するタイプの需要曲線（図の曲線 D'、価格に対して弾力的な需要曲線と呼びます）です。また、S_1 線が前年の白菜の収穫（供給）を、S_2 線が今年の白菜の収穫を表わしています。

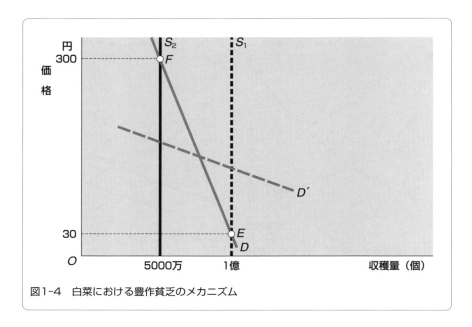

図1-4　白菜における豊作貧乏のメカニズム

　図から確認してほしいのですが、需要が価格に対して非弾力的であると、供給量が少し減っただけで価格は大幅に上昇します。農家の収入を数量に価格を掛けたものと考えると、白菜が1億個とれた前年の農家の収入は、30億円（＝30円/個×1億個）であるのに対して、今年の農家の収入は150億円（＝300円/個×5000万個）になります。つまり、野菜などの生産量が減ったためにかえって収入が増えることもあるのです。数量（収穫量）が減ってもそれ以上に価格が上がるわけです。豊作貧乏とは、豊作なのにかえって貧乏になってしまう現象ですが、上記の例のちょうど逆の現象で、収穫が多いとそれ以上に価格が下落して、農家の収入が豊作の結果かえって減少してしまうのです。こうしたことは、需要が価格に対してあまり弾力的ではない野菜などでしばしば起こります。

　需要が価格に対してどのように反応するのかを数値で表わしたものが、<u>需要の価格弾力性</u>と呼ばれるものです。需要の価格弾力性はミクロ経済学の重要な概念です。これについては第2章でさらに詳しく学ぶことになります。

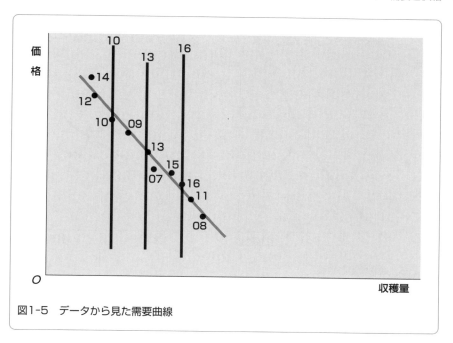

図1-5 データから見た需要曲線

需要曲線・供給曲線を現実のデータから見る

　需要曲線や供給曲線は抽象的に考えた概念です。しかし、現実のデータを利用して、さまざまな財やサービスに対する需要曲線や供給曲線を描いてみることができます。伊藤ミクロでは「鉄道が開設されたときの沿線の地価」(37〜38ページ)、「消費税が引き上げられたときの価格転嫁」(39〜43ページ)といった事例を使って、具体的にどのような形で需要曲線をデータから導出するのかを説明しています。

　経済学では、実際のデータを使っていろいろな関係を計測することが頻繁に行われています。多くの大学の経済学部のカリキュラムでも、統計的手法を学ぶ統計学や、データを分析して経済実態を把握し予測をする、計量経済学という科目が組み入れられているはずです。本書は初歩的な教科書なので、計量経済学について詳しく触れることはできませんが、例えば図1-5は、2007年から2016年までの10年間の白菜の収穫量と価格を図示したものです。この図から、

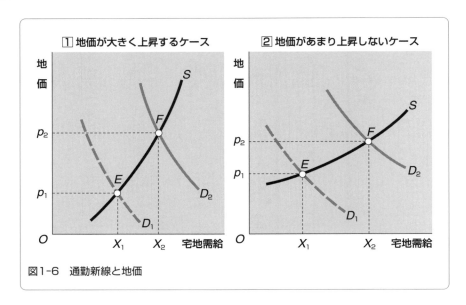

図1-6　通勤新線と地価

白菜の収穫量が少なかった年は価格が高かったことが確認できます（伊藤ミク
ロ35〜36ページ）。こうした現実のデータを見ていくことで、データと需要・供
給曲線との関わりについて学ぶことができます。

　図1-5は白菜の供給の変化を例にしたものですが、一方で図1-6は、需要
が変化したときの例になっています。図1-6は宅地に対する需要と供給をと
ったもので、縦軸には宅地の価格、横軸には宅地の需要と供給がとられていま
す。通勤新線ができる前の需要曲線がD_1、できた後の需要曲線がD_2で表わさ
れています。通勤新線で、この街の宅地需要が拡大しているのです。

　このとき、地主の行動パターンによって地価の上昇の程度が異なります。図
1-6①は、非弾力的な供給曲線で、地価が大きく上昇しています。地主が土
地の売り惜しみをするケースがこれにあたります。それに対して、図1-6②
は、弾力的な供給曲線となっていて、地価の上昇がそれほど大きくありません。

　しかし、地価が上昇することによって、必ず宅地の増加を引き起こすわけで
はありません。その様子が図1-7で示されています。地主が本当に土地を売
り惜しんだら、地価ばかり上昇して、宅地供給はかえって低下してしまうとい
うこともあるのです。

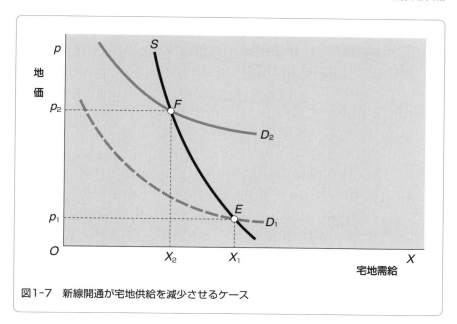

図1-7 新線開通が宅地供給を減少させるケース

消費税は誰が負担するのか

　需要曲線と供給曲線を使えば、いろいろな経済問題を分析することができます。その応用例の代表的なケースとして、消費税の転嫁の問題を考えてみましょう（伊藤ミクロ39〜43ページ）。

　消費税の転嫁の問題とは次のようなものです。例えば、タバコへの税金が1箱当たり50円上がったとしてみましょう。もしそれでタバコの価格も50円上がれば、税金はすべて消費者が負担することになります。しかし、あまり価格が上がるとタバコの需要が減るというので、生産者が税金の一部を負担して、最終的な消費者価格は30円程度の値上げに抑えて、残りの20円を自分が被るということもありえます。その場合には、50円の消費税のうち60％の30円が消費者に転嫁されるといいます。

　図1−8は、このような消費税の転嫁の問題を需要・供給曲線を用いて検討したものです。図の曲線 D と曲線 S は、税が課される前の需要曲線と供給曲線になります。曲線 S' は税が課されたときの供給曲線を表わしています。また、点 E は課税前の均衡点、点 G は課税後の均衡点になります。そして、課

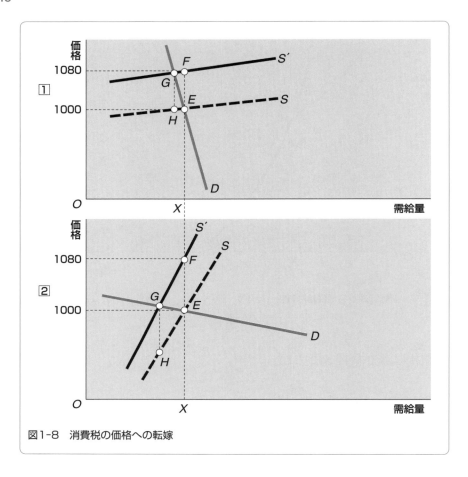

図1-8　消費税の価格への転嫁

税前の均衡価格は1000円で、消費者が支払う価格（<u>消費者価格</u>と呼びます）も生産者が受け取る価格（<u>生産者価格</u>と呼びます）も同じ価格（ここでは1000円）になります。それに対して課税後では、消費者価格は点 G における価格となり、そこから政府に支払われる税金の大きさ（図では GH の長さ）を引いた価格、つまり、点 H における価格が生産者が受け取る生産者価格になります。つまり課税によって、消費者価格と生産者価格が乖離するのです。

　このとき、図1-8①は、点 G における価格と点 E における価格の差（消費者が負担する分）が、点 E における価格と点 H における価格の差（生産者が負担する分）よりも大きいことから、消費税の大半が消費者に転嫁されるケース

を例示しています。このケースの特徴は、需要が価格に対して非弾力的（つまり価格が変化しても需要量があまり変化しない）であることです。需要量が価格に大きく反応しないケースでは、供給側は消費税の多くを価格に転嫁しても需要量が大幅に減ることはありません。したがって、消費税の大半が消費者に転嫁されるのです。このケースのもう1つの特徴は、供給曲線が非常に水平に近いことです。これはわずかな価格変化に対して供給量が大きく変化する状況を表わしています（このような場合、供給が価格に対して弾力的であるといいます）。供給が価格に敏感に反応する場合には、消費税導入の結果として供給側の価格が大きく変化し、供給量が大幅に減少してしまいます。そうしたことが起こらないということが、この例の場合には消費税の大半が需要側に転嫁されることで確認できます。

　これに対して図1-8②のように、需要曲線が価格に対して弾力的、あるいは供給曲線が価格に対して非弾力的になっていれば、点Eにおける価格と点Hにおける価格の差（生産者が負担する分）が、点Gにおける価格と点Eにおける価格の差（消費者が負担する分）よりも大きいことから、消費税の多くは供給側が負担し、消費者（需要者）にはあまり転嫁されません。これらのことを、この図とこれまでの説明から各自確認してください。

1
需要と供給
練習問題

確認問題

次の問いのア〜ウの空欄に適切な言葉をあてはめなさい。また、①〜⑧
については正しいものを選びなさい。

1．需要曲線は、縦軸に（　ア　）が、横軸には需要量がとられている。
　　また、一般的には、（①　右上がり・右下がり）の曲線となる。

2．供給曲線は、縦軸に（　イ　）が、横軸には供給量がとられている。
　　また、一般的には、（②　右上がり・右下がり）の曲線となる。

3．需要曲線と供給曲線の交点における価格は、（　ウ　）と呼ばれる。

4．ある価格の下で需要量が供給量を上回る状態を（③　超過需要・超過
　　供給）と呼ぶ。この場合、価格は次第に（④　低下・上昇）する。

5．ある価格の下で需要量が供給量を下回る状態を（⑤　超過需要・超過
　　供給）と呼ぶ。この場合、価格は次第に（⑥　低下・上昇）する。

6．供給曲線が非弾力的な場合、需要が増大して需要曲線が右にシフトす
　　ると、価格は（⑦　大きく上昇する・あまり上昇しない）。

7．供給曲線が弾力的な場合、需要が増大して需要曲線が右にシフトする
　　と、価格は（⑧　大きく上昇する・あまり上昇しない）。

解答
ア．価格　　イ．価格　　ウ．均衡価格　　①右下がり　　②右上がり
③超過需要　　④上昇　　⑤超過供給　　⑥低下　　⑦大きく上昇する
⑧あまり上昇しない

例題 1

　チョコレートの需要量と供給量が次の図のように表わされているとします。このとき、以下の問いに答えなさい。ただし、問い(3)と(4)を除いて、その他の条件は一定とします。

チョコレートに対する需要曲線と供給曲線

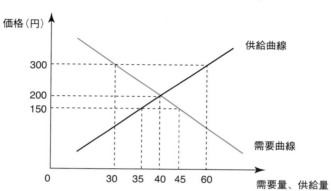

(1) 図では均衡価格はいくつになるでしょうか。また、均衡における需要量および供給量はどれくらいでしょうか。

(2) 価格が300円のときの超過供給量はどれくらいになるでしょうか。また、価格が150円のときの超過需要量はどれくらいになるでしょうか。

(3) チョコレートの原料であるカカオの価格が上がったとします。このとき、均衡価格や均衡における需要量や供給量はどうなると考えられるでしょうか。

(4) ある番組で、チョコレートが体によいということを紹介した結果、人々の嗜好（好み）が変化しました。この場合、均衡価格や均衡における需要量や供給量はどうなると考えられるでしょうか。

解答

(1) 均衡は、需要曲線と供給曲線が交わった点になるので、均衡価格は、図より200円。また、均衡における需要量および供給量はともに40。

(2) 価格が300円のとき、供給量は60であるのに対して、需要量は30なので、超過供給量は30（＝60−30）。また、価格が150円のとき、供給量は35である

のに対して、需要量は45となるので、超過需要量は10（＝45－35）。

(3) チョコレートの原料であるカカオの価格が上昇した場合、これまでの供給量に対して追加的なコストがかかる、ないしはこれまでの価格であれば供給量が減少してしまうので、供給曲線が左上方向にシフトする。したがって、均衡価格は上昇し、均衡における需要量および供給量は減少すると考えられる。

(4) 人々の嗜好が変化して、需要が増大することになれば、これまでの需要量に対してより多くを支払う用意がある（より高い評価をしている）、ないしはこれまでの価格であれば需要量をより増大させようとするので、需要曲線が右上方向にシフトする。したがって、均衡価格は上昇し、均衡における需要量および供給量は増加すると考えられる。

例題2

　ある財に対する需要曲線および供給曲線が下の図のように描けるとします。ここで、財1単位につき30円の税金が課せられたとします。このとき、売り手および買い手の税の負担割合はいくつになるでしょうか。

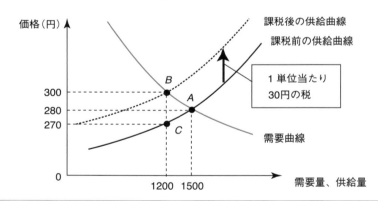

解答

　まず、図の点 A は課税前の均衡点であり、税がないときの価格が280円、そのときの需要量および供給量は1500となる。図の点 B は課税後の均衡点であり、課税後の買い手の支払い価格が300円になる。また、図の点 C は買い手が

支払う価格から税の大きさである30円を引いた点であり、売り手の受け取り価格が270円になることがわかる。

したがって、売り手の税の負担割合は、税がないときの価格（280円）から売り手の受け取り価格（270円）を引いた大きさ（10円 = 280円 − 270円）が、税の大きさ（30円）に占める割合ということになる。よって、この場合、1/3（= 10円/30円）になる。

一方、買い手の税の負担割合は、買い手の支払い価格（300円）から税がないときの価格（280円）を引いた大きさ（20円 = 300円 − 280円）が、税の大きさ（30円）に占める割合ということになり、この場合、2/3（= 20円/30円）になる。

練習問題 1
財の需要量を決定する要因には、どのようなものがあるでしょうか。

解答

財の需要量を決定する要因としては、その財の価格のほかに、所得、嗜好、その財と関連する他の財の価格などがある。その財の価格が変化すると、その財の需要量が変化する（需要曲線上の動き）が、その財の価格以外の条件が変化すると、需要曲線自体がシフトする。

練習問題 2
需要曲線はなぜ右下がりになるのでしょうか。理由を考えてみましょう。

解答

その財の価格が低ければ、その財の需要量は増大するから。

練習問題 3
財の供給量を決定する要因には、どのようなものがあるでしょうか。

解答

財の供給量を決定する要因としては、その財の価格のほかに、生産コスト、技術進歩などがある。その財の価格が変化すると、その財の供給量が変化する

（供給曲線上の動き）が、その財の価格以外の条件が変化すると、供給曲線自体がシフトする。

練習問題 4

供給曲線はなぜ右上がりになるのでしょうか。理由を考えてみましょう。

解答

その財の価格が高ければ、その財の供給量は増大するから。

練習問題 5

市場はどのように均衡に近づいていくのでしょうか。

解答

市場価格が均衡を上回っていると、超過供給が生じることで価格が低下し、市場価格が均衡を下回っていると、超過需要が生じることで価格が上昇する。

○×問題

1．供給曲線は通常、右上がりであり、他方、需要曲線は通常、右下がりである。
2．「今年は冷夏だったからお米の値段が高い」といった場合には、需要曲線が右方向にシフトすることによって価格が上昇したと考えることができる。
3．豊作貧乏と呼ばれる現象は、需要が価格に対して非弾力的であり、供給が価格に対して弾力的であるために生じる現象である。
4．チョコレート会社の広告によってチョコレートの需要が増大した場合、チョコレートの需要量は増加するものの、供給量は変化しない。
5．競争市場とは、多くの売り手や買い手が存在し、それぞれの行動が価格に影響を及ぼしえない状況をいう。

解答

1．○。

2．×。この場合、供給曲線が左方向にシフトする。その結果、均衡における
　需要量および供給量が低下し、価格が上昇したと考えられる。

3．×。「需要が価格に対して非弾力的」であるとは、価格が変化しても需要
　量があまり変化しないということである。また、「供給が価格に対して弾力
　的」であるとは、価格が変化した場合、供給量が大きく変化することをいう。
　豊作貧乏は、需要も供給もともに価格に対して非弾力的であるために生じや
　すい現象である。

4．×。均衡では需要量と供給量は一致する。需要曲線が右方向にシフトする
　結果、価格は上昇し、需要量も供給量もともに増大する。

5．○。完全競争市場という場合には、多数の売り手や買い手が存在するほか、
　財の質がほぼ同一であること、市場への参入や退出の自由が成立している状
　況をいう。

2
需要曲線と消費者行動
ポイント解説

需要の価格弾力性を理解することが需要曲線を使いこなす第一歩

　需要曲線を式の形で表わすと、$X = D(p)$ となります。X は需要量で、p は価格です。つまり、需要量 X は価格 p の関数として決まる形になっています。

　また、需要が価格に弾力的なケースと非弾力的なケースのそれぞれについて、需要曲線がどのような形をしているか描いたものが図 2-1 になります。左図は傾きがなだらかであり、右図は傾きが急な曲線となっています。では、なぜこのように傾きが異なるのでしょうか。

　まず、経済変数の変化は変化率で表わすことが多いので、このことに慣れるようにしましょう。例えば価格の変化率であれば、

$$価格の変化率 = \frac{価格の変化量}{元の価格の水準}$$

という形で表わされます。変化率を使うことで、すべての変化が（何円、何個といった）単位から独立してパーセントで表示することができます。例えば、ガソリンの価格変化を変化率でとらえれば、ガソリン価格が円であろうとドルであろうと比較可能です。

　需要の価格弾力性は

$$需要の価格弾力性 = -\frac{需要量の変化率}{価格の変化率}$$

と定義され、変化率の相対的な大きさで表わされます。このように、需要の価格弾力性とは、価格変化に対して需要量がどれだけ敏感に反応するか数値で表

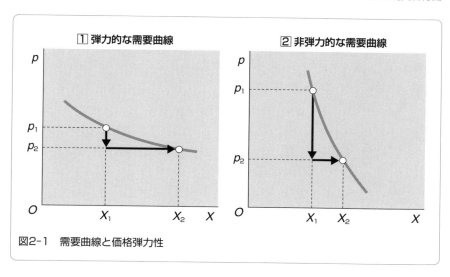

図2-1 需要曲線と価格弾力性

わすために、両者の変化率の比率をとったものです。式の頭にマイナスが付いているのは、価格の変化と需要量の変化が逆方向になるため、そのままの変化率の割算にするとマイナスの値になるからです。弾力性の値をプラスで表現するためにマイナスを付けているのです。

　一般に需要量が価格に大きく反応する場合には、この弾力性は大きくなっていきます。とくに需要曲線が水平になるようなケースでは、需要の価格弾力性は無限大となります。一方、需要量が価格に反応しなければ、弾力性の値はどんどん小さくなってゼロに近づきます。とくに需要の価格弾力性がゼロのケースでは、需要曲線は垂直線となります。需要の価格弾力性が1であるときには、価格の変化率とそれに対応する需要量の変化率がちょうど同じになります。この場合は、需要の価格弾力性は大きくも小さくもないということになります。

需要曲線の上で支出額や収入を読みとる

　ミクロ経済学では、支出額や収入という概念が重要になります。図2-2に需要曲線の上に支出額を描いたものを例示しています。ある価格である数量が需要されたとき、その積、すなわち価格×需要量が支出額となります。供給する側から見れば、これは収入となるのです。以降の章で取り上げられるさまざ

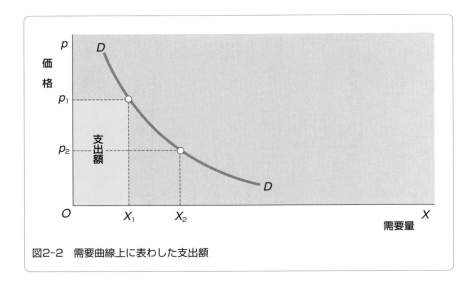

図2-2　需要曲線上に表わした支出額

まな問題を理解するためには、この収入や支出額が価格や数量との関係でどの
ように変化するのかを理解することが重要な鍵となります。

　価格、需要、収入（支出額）の関係の代表的な例として、石油ショックを例
に取り上げてみましょう（伊藤ミクロ55〜57ページ）。石油の供給が減らされて
いくと、国際的な石油価格は供給量の減少の規模を上回る大きさで上昇を始め
ます。その結果、世界全体の石油への支出額が大きく膨らむことになります。
石油輸出国から見れば、石油供給量を抑えた結果、石油からの収入が増えるの
です。

　かつてアラブ産油国の原油生産量の縮小によって起こった石油ショックは、
世界全体の石油への需要曲線が価格に対して非弾力的であったことから説明で
きます。石油はすべての国にとって重要なエネルギー源であり、石油価格が変
化したからといって、すぐに需要が大きく変化するものではありません。つま
り需要の価格弾力性は非常に小さいのです。その結果、供給量が絞られてしま
うと、大幅な価格上昇が生じるのです。

需要曲線はどのような場合にシフトするのか

　ミクロ経済学ではしばしば、需要曲線や供給曲線のシフト（曲線が移動する

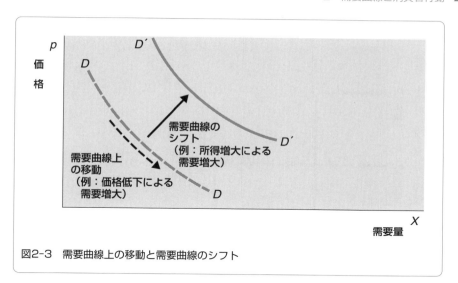

図2-3　需要曲線上の移動と需要曲線のシフト

こと）という問題を取り扱います。どのような場合に需要曲線がシフトするのか、その基本を理解しておく必要があります。

　経済問題を理論的に考えるとき、内生変数と外生変数を区別する必要があります。内生変数とは、その水準がどのように決まるのか経済理論のなかで考える変数のことで、外生変数とは、理論的考察のなかではその変化を考えないような変数です。この2つの変数の具体的なイメージは、需要の問題で次のように考えることができます。

　おにぎりの需要を考えてみましょう。おにぎりの価格と需要量の間には右下がりの需要曲線を描くことができます（図2-2）。価格が安くなれば需要量が増えるということがこの背景にあります。しかし、おにぎりの需要量に影響を及ぼす要因は価格だけではありません。景気や気候なども需要量に影響を及ぼすはずです。景気が良くなればおにぎりの需要量は増えるでしょう。また、代替的な財の価格（例えばパンの値段）もおにぎりの需要量に影響を及ぼす要因で、パンの値段が上がるとおにぎりの需要量は増えます。

　さて、ここでは景気や代替的な財の価格などは外生変数として扱われます。おにぎりについての需給の分析のなかで、景気や代替的な財の価格がどう決まるか分析するわけではないからです。

　これに対して、おにぎりの価格と需要量は内生変数として扱われます。内生

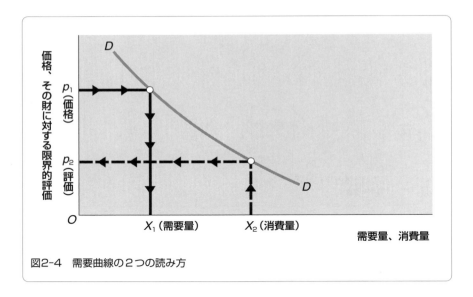

図2-4 需要曲線の２つの読み方

変数の動きはグラフのなかに織り込まれています。しかし、外生変数である代替的な財の価格や景気の変化によるおにぎりの需要量の変化は、需要曲線のシフトとして扱われます。以上の点については、図2-3に例示されています。

需要曲線の上で効用を読みとる

　需要曲線は通常、縦軸にとられた価格に対して、横軸にとられた需要量がどのように与えられているのかを見るためのグラフです。図2-4にこの点が例示されています。しかし、この図にあるように、横軸の需要量から縦軸の価格へという見方もできます。この場合には、それぞれの需要量のところで、消費者がどのような限界的な評価をしているのか、というのが需要曲線の表わしていることです。

　限界的評価というのは、ミクロ経済学独特の考え方です。ある一定量を消費している消費者にとって、そこからもう少し消費を増やすことによって得られる喜びを金銭的に表示したものが限界的評価です。

　例えば、ビールを毎週５本飲んでいる人にとってのビールの限界的な評価とは、もし来週から６本飲めるとすれば、追加的な１本にいくらまでお金を出してもよいと考えるかというのが、ここでいう限界的な評価なのです。図2-4

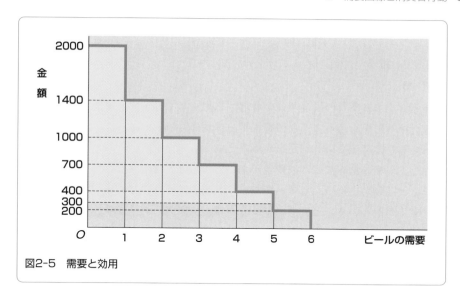

図2-5　需要と効用

を参考にしてこの点を確認してください。

　需要曲線をこのように横軸から縦軸に向かって読むことで、ミクロ経済学の重要な概念である消費者余剰が出てきます。図2-5に消費者余剰を説明するための簡単な例を示してありますので、それを参考にしてください（詳しくは伊藤ミクロ62～64ページ）。

　ごく簡単にこの図を説明すると、ここにはビールの消費量を増やしていくことに伴う限界的な評価が描かれています。つまり、この消費者にとって、ビールの消費を増やしていくことにどれだけの価値を見出しているのか表示してあります。この図では、ビールの価格は300円となっています。その場合、消費者は限界的な評価が300円を超える範囲で消費を増やしていきます。この図では5本まで消費することになります。消費者余剰とは、5本までビールを消費したことで得られる喜び（これを効用と呼びます）を金銭評価で表わしたものから、実際にビールを買うために支払った金額を引いたものです。言い換えれば、300円でビールが買えるとき、消費者はビールを購入することで最大どれだけの「利益」（効用から購入費用を引いたもの）を得られるのか表わしたものが、消費者余剰です。図の上にはこの消費者余剰が赤色で示されています。

　消費者余剰の考え方は、ミクロ経済学のさまざまな応用例で利用されます。以降の章で、そのいくつかの応用例を勉強することになります。

合理性と非合理性

　経済学では、多くの場合で強い合理性を想定しています。消費者の場合、できるだけ効用を高めるような消費選択を行う（効用最大化）というものであり、企業であれば可能な限り利潤を高めるというものです。

　ただ、現実の世界では、消費者が本当に効用最大化だけで行動しているのかとなると、疑問を持つ人も多いでしょう。経済学でも、どこまで強い合理性を想定するのかということについて多くの議論や研究があります。

　心理学の研究などの影響を強く受けた行動経済学という分野は、人々の非合理性の重要性を明らかにしてきました。行動経済学のなかで明らかにされた原理がいくつかあります。

非合理性の原理(1)：絶対評価よりは相対評価

　まずは、多くの人は商品の品質や価格について絶対的な評価をすることができず、類似のものと比較することで消費選択をすることが少なくないというものです。つまり絶対的な評価は苦手で、相対的な評価に頼りがちというものです。

非合理性の原理(2)：現状維持志向

　また、人々の経済行動として、現状維持に必要以上にこだわるということがあります。細かい利害まで考えていちいち消費行動を変更しないというわけです。例えば、雑誌の購読やスポーツジムといったサービス提供者がお試し料金を提供したりするというのも、一度始めたことをわざわざ解約しないという消費者の特性に目を付けた販売方法といえます。

非合理性の原理(3)：将来の自分と今の自分の戦い

　また、「今の私たち」は誘惑に流されやすい存在（例えばダイエットであれば、目の前にあるスイーツをどうしても食べたいという誘惑にかられます）であるのに対して、「将来の私たち」はもっと合理的思考をする人で、ケーキを食べなければスリムな体型が維持できるといった思考をしています。ここで興味深いの

は、誘惑に負けてしまうという合理的ではない部分と、後でそれを後悔するという合理的な部分が混在しているということです。

非合理性の原理(4)：群集心理

　さらに、「ほかの多くの人がやっているのだから正しいに違いない。だから自分もそう行動する」という群集心理的な行動の重要性が指摘されます。株や土地の価格の急騰や暴落がなぜ起きるのかという点については、いろいろな説明が可能ですが、そのなかでとくに重要だと思われるのが、この群集心理です。ただ、この群集心理的な行動は、必ずしも非合理的ともいえない面もあります。より多くの人が売りに走ったときに、結局は早めに売りに乗ったほうが安全でもあるからです。

2
需要曲線と消費者行動
練習問題

確認問題

　次の問いのア～エの空欄にあてはまる適切な数字を計算しなさい。また、①～⑨については正しいものを選びなさい。

1. 価格の変化に対して、需要量が大きく変化するとき、そのような需要曲線を価格に対して（① 弾力的・非弾力的）な需要曲線という。この場合、需要量が価格に敏感に反応する。

2. 価格の変化に対して、需要量の変化の程度が小さいとき、そのような需要曲線を価格に対して（② 弾力的・非弾力的）な需要曲線という。この場合、需要量が価格に対してあまり敏感に反応しない。

3. 価格が20％上昇したときに、需要量が30％下落した場合、需要の価格弾力性の大きさは、（　ア　）になる。

4. 価格が100円から110円に上がったときに、需要量が200から150に下がったとする。このとき、価格の変化率は（　イ　）％であるのに対して、需要量の変化率は（　ウ　）％になるので、需要の価格弾力性の大きさは（　エ　）になる。

5. 需要の価格弾力性が1より大きい場合、すなわち、需要が価格に対して弾力的な場合、価格が上昇すると、総支出額（＝売り手の収入）は、（③ 増加する・低下する・変わらない）。

6. 需要の価格弾力性が1より小さい場合、すなわち、需要が価格に対して非弾力的な場合、価格が上昇すると、総支出額（＝売り手の収入）は、（④ 増加する・低下する・変わらない）。

7. 需要の価格弾力性が1に等しい場合、すなわち、需要が価格に対して単位弾力的な場合、価格が上昇すると、総支出額（＝売り手の収入）は、（⑤　増加する・低下する・変わらない）。

8. おにぎりの需要曲線を考える。代替財であるパンの価格が上昇した場合、おにぎりの需要曲線は（⑥　右側・左側）にシフトする。逆に、代替財であるパンの価格が下落した場合、おにぎりの需要曲線は（⑦　右側・左側）にシフトする。

9. あるレストランのワインのメニューには、それまで1000円と2000円のものしかなかった。ここに新たに3000円のものを出したとき、これまで1000円と2000円のワインの注文にそれほど差がなかったものが、2000円のワインの注文が増えたという。このように、3000円のワインを新たに売り出すという販売の仕方は、人々が価格を比較するうえで、（⑧　絶対的・相対的）な評価は苦手で、（⑨　絶対的・相対的）な評価に頼りがちだという錯覚をついた価格設定といえる。

解答

ア．1.5　　イ．10　　ウ．−25　　エ．2.5　　①弾力的　　②非弾力的
③低下する　　④増加する　　⑤変わらない　　⑥右側　　⑦左側
⑧絶対的　　⑨相対的

例題 1

　太郎君と花子さんの、ボールペンに対する価格と需要量の関係が下の表のようになっていたとします。このとき、2人の市場需要量はどのように描けるでしょうか。ただし、この社会には太郎君と花子さんの2人しかいないとします。

ボールペンの価格	太郎君の需要量	花子さんの需要量
0円	26本	15本
50円	22本	12本
100円	18本	9本
150円	14本	6本
200円	10本	3本
250円	6本	0本
300円	2本	0本

解答

　2人の市場需要量は、それぞれの価格における2人の需要量を足し合わせて求めることができる。例えば、ボールペンの価格が0円であれば、太郎君の需要量は26本であり、花子さんの需要量は15本なので、2人の市場需要量は41本（＝26本＋15本）となる。同様にして、ボールペンの価格が50円であれば、太郎君の需要量は22本であり、花子さんの需要量は12本になるので、市場需要量は34本（＝22本＋12本）となる。これを繰り返すと、次のような表が得られる。

ボールペンの価格	市場需要量
0円	41本（＝26本＋15本）
50円	34本（＝22本＋12本）
100円	27本（＝18本＋9本）
150円	20本（＝14本＋6本）
200円	13本（＝10本＋3本）
250円	6本（＝6本＋0本）
300円	2本（＝2本＋0本）

　太郎君の需要曲線は図 a 、花子さんの需要曲線は図 b に表わされる。市場の

　需要曲線は、この 2 人の需要曲線を水平に足し合わせたものとなり、図 c のように描ける。

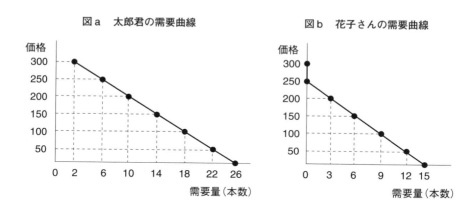

図 a　太郎君の需要曲線

図 b　花子さんの需要曲線

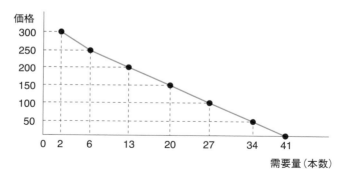

図 c　2 人の市場需要曲線

例題 2

　ある財に対する需要曲線が、$D = 250 - 5p$ という形をしているとします。ただし、D は需要量であり、p は価格です。このとき、以下の問いに答えなさい。

(1)　この財の価格が20のときの消費者余剰はいくつでしょうか。

(2)　価格が30のときの需要の価格弾力性の大きさはいくつでしょうか。このとき需要は価格に対して弾力的でしょうか、非弾力的でしょうか。

(3) 〔発展問題〕需要の価格弾力性が1となる価格および需要量はいくつ
でしょうか。

解答

(1) この需要曲線は下の図のように描ける。この財の価格が20のときの需要量
は150。したがって、支払う意思があった金額は□$AODE$ であり、実際に支
払った金額は□$BODE$ なので、消費者余剰は△ABE。よって、消費者余剰
は、2250（＝30×150÷2）。

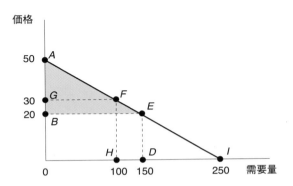

(2) これは、点 F における需要の価格弾力性になる。需要の価格弾力性は、
p を価格、x を需要量とおくと、

$$需要の価格弾力性 = -\frac{需要量の変化率}{価格の変化率} = -\frac{\Delta x/x}{\Delta p/p} = -\left(\frac{\Delta x}{\Delta p}\right) \times \left(\frac{p}{x}\right)$$

と表わせる。一方、点 F では価格が30、需要量が100なので、$p/x = 30/100$
＝0.3。また、需要曲線の傾き（$\Delta p/\Delta x$）が$-1/5$なので、需要の価格弾力性
は1.5（＝$-(-5)\times0.3$）。1を越えているので、価格に対して弾力的といえる。

(3) 需要の価格弾力性が1であるような点は、価格が変化しても支出額が変化
しない点である。したがって、支出額の関数を、価格ないしは需要量で微分
した値がゼロとなるような価格および需要量を求めることになる。

$$支出額 = 価格 \times 需要量 = p \times (250-5p) = 250p - 5p^2$$

なので、この支出額を p で微分したものをゼロに等しいとおくと、

$$250 - 10p = 0 \quad \therefore p = 25$$

これを需要曲線に再び代入すると、需要量 $= 250-5 \times 25 = 125$ が得られる。したがって、需要の価格弾力性が 1 となるような価格は25であり、需要量は125。

別解

$$需要の価格弾力性 = -\left(\frac{\Delta x}{\Delta p}\right) \times \left(\frac{p}{x}\right) = -(-5) \times \frac{p}{250-5p}$$

これが 1 に等しくなるので、$5p = 250-5p$、$\therefore p = 25$。また、このとき需要量 $= 250-5 \times 25 = 125$。

> **補足：需要の価格弾力性の求め方**
>
> 　需要の価格弾力性は簡単に求めることができます。p.38の図の点 F での需要の価格弾力性を求める場合、
>
> $$需要の価格弾力性 = -\frac{\Delta x}{\Delta p} \times \frac{p}{x} = \frac{HI}{FH} \times \frac{FH}{OH} = \frac{HI}{OH}$$
>
> $$\left(\because -\frac{\Delta x}{\Delta p} = \frac{HI}{FH}, \quad \frac{p}{x} = \frac{FH}{OH}\right)$$
>
> となります。この場合、$OH = 100$、$HI = 150$ なので、需要の価格弾力性は150÷100、すなわち1.5と計算できます。
>
> 　同様にして、需要の価格弾力性が 1 となる点は、$HI = OH$、すなわち OI の中点になるので、需要量は125（$= 250 \div 2$）と求めることができ、それに対応する価格として25を得ることができます。

例題 3

　次のページの図は、携帯電話での通話に対する太郎君の需要曲線を描いたものです。縦軸には 1 分当たりの料金、横軸には需要量がとられています。はじめの100分までは 1 分当たり50円だけ支払う意思があり、100分おきに10円ずつ下がっています。太郎君が加入を考えているプランは、通話料が 1 分当たり25円であり、基本料金が4000円であるとします。このとき、太郎君はこのプランに入るでしょうか、入らないでしょうか。理由を付けて説明しなさい。

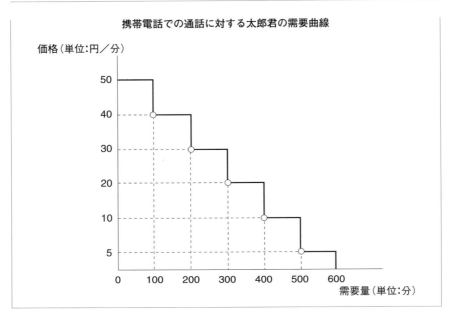

携帯電話での通話に対する太郎君の需要曲線

価格（単位：円／分）

需要量（単位：分）

解答

　太郎君はこのプランに入る。

　通話料が1分当たり25円であれば、太郎君は300分まで需要しようとする。太郎君が支払ってもよいと考えている金額は、300分までは（1分当たり）25円を上回っているからである。よって、太郎君が300分まで需要した場合の（基本料金を考慮に入れないときの）消費者余剰の大きさは、次の図の斜線が入った領域になる。太郎君が支払う意思のあった金額は12000円（＝50円/分×100分＋40円/分×100分＋30円/分×100分）になる。一方、通話料として支払う金額は7500円（＝25円/分×300分）となるので、この時点での消費者余剰は、4500円（＝12000円－7500円）になる。基本料金は4000円なので、基本料金を払っても全体として500円（＝4500円－4000円）の利益があるため、太郎君はこの携帯電話のプランに加入すると考えることができる。

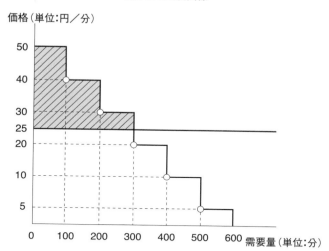

太郎君の需要曲線

　需要の価格弾力性は、どのような場合に小さくなるでしょうか。

解答

　必需品的な性格が強く、代替的な財・サービスが存在しない場合に需要の価格弾力性は小さくなる。このとき、価格が上昇しても需要量はそれほど変化しないので、需要の価格弾力性は小さくなる。これは、市場の概念をどこまで広げるかということや、価格の変化に対応する時間の長さにも依存してくる。例えば、市場の概念では、「ほうれん草」と特定するよりも、「野菜類」と広くとらえた場合のほうが需要の価格弾力性は小さくなる。ほうれん草の価格が上がると、他の野菜類を買おうということになるけれども、野菜類全般の価格が上がった場合には、なかなか他の財と代替できないからである。また、時間的な長さについても、一般的に、価格の変化に対応できるほど十分な時間であるよりも、価格の変化に対応できない短い時間のほうが、需要の価格弾力性は小さくなる。これは長期であれば、価格の変化に対してその需要を他の財・サービスと代替できるからである。

練習問題2

太郎君と次郎君はお菓子が好きで、2人でお店に行くときは、太郎君はつねに2000円分のお菓子を買い、次郎君はつねに5個のお菓子を買っています。この2人の需要の価格弾力性はそれぞれいくつであると考えられるでしょうか。

解答

太郎君と次郎君の需要曲線は、それぞれ下の図のような形をしていると考えられる。太郎君は「つねに2000円だけ買う」ということなので、需要曲線は、価格×需要量 = 2000円という反比例の曲線になり、太郎君の需要の価格弾力性は1。それに対して、次郎君は「つねに5個買う」ということなので、需要曲線は需要量 = 5個の垂直線となり、次郎君の需要の価格弾力性は0となる。

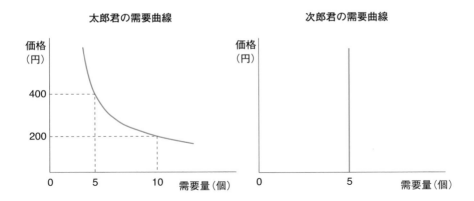

練習問題3

ある国の小さい町でパンが売られているとします。このパンを買う人は、このパンが30イースト（イーストは通貨単位）であれば600人、20イーストであれば800人買うことがわかっているとします。このとき、需要曲線が直線であると仮定して、以下の問いに答えなさい。

(1) 30イーストと20イーストとでは、パンを売る人にとってどちらの価格のほうがより多くの収入を得られるでしょうか。

(2) 30イーストであるときの需要の価格弾力性はいくらになるでしょうか。

(3) 20イーストであるときの需要の価格弾力性はいくらになるでしょうか。

解答

(1) 30イーストであれば600人が買うので、総収入額は18000イースト（＝30イースト×600）になる。また、20イーストであれば800人が買うので、総収入額は16000イースト（＝20イースト×800）になる。したがって、パンを売る人にとっては30イーストで売ったほうがより多くの収入を得られる。

(2) 需要曲線は下の図のように描ける。点 A における需要の価格弾力性は、需要曲線の傾き（$\Delta p/\Delta x$）が $-1/20$（$= -10/200$）であり、$p/x = 30/600$ なので、

$$\text{需要の価格弾力性} = -\frac{\Delta x/x}{\Delta p/p} = -\frac{\Delta x}{\Delta p} \times \frac{p}{x} = -(-20) \times \frac{30}{600} = 1$$

したがって、30イーストであるときの需要の価格弾力性は 1 となる。

(3) 同様に点 B における需要の価格弾力性は、需要曲線の傾き（$\Delta p/\Delta x$）が $-1/20$（$= -10/200$）であり、$p/x = 20/800$ なので、

$$\text{需要の価格弾力性} = -\frac{\Delta x/x}{\Delta p/p} = -\frac{\Delta x}{\Delta p} \times \frac{p}{x} = -(-20) \times \frac{20}{800} = 0.5$$

したがって、20イーストであるときの需要の価格弾力性は0.5となる。

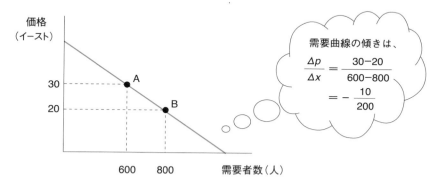

パンの需要曲線

○×問題

1. 外生変数の変化は需要曲線上の動きになる。
2. 効用とは、財・サービスを消費することに伴う満足度を金銭単位で表わしたものをいう。
3. 消費者余剰とは、消費者が財・サービスを消費することによって得た満足度を総計した大きさになる。
4. 需要が価格に対して非弾力的であれば、価格が上昇しても支出額が変化しない。
5. 今年のワインはとても美味しくできたと評判になったので、みんなが買い求めるようになった。この場合、これは需要曲線の右方向へのシフトをもたらす。

解答

1. ×。外生変数とは、考察の対象としている財・サービスの価格および需要量以外の変数（例えば所得など）をいう。外生変数の変化は、需要曲線自体をシフトさせる。
2. ○。
3. ×。消費者余剰とは、消費者が支払う意思はあるものの、支払わないで済んだという意味での利益をいう。したがって、満足度を総計した大きさから、支払った金額を引いたものになる。
4. ×。需要が価格に対して非弾力的（需要の価格弾力性が１より小さい）であれば、価格が上昇したとき、支出額は大きくなる。
5. ○。

3
費用の構造と供給行動
ポイント解説

供給の価格弾力性について確認しておこう

　第2章で需要の価格弾力性について学びましたが、供給についても同様に<u>供給の価格弾力性</u>という概念があります。供給の価格弾力性は

$$供給の価格弾力性 = \frac{供給量の変化率}{価格の変化率}$$

で表わすことができます。需要の場合と同じように、供給の価格弾力性とは、供給量が価格変化に対してどれだけ敏感に反応するのかを見るため、供給量の変化率と価格の変化率の比をとったものです。供給曲線を式の形で表わすと、

$$X = S(p)$$

となります。X は供給量で、p は価格です。関数 $S(\cdot)$ を供給関数と呼びます。図3-1にあるように、価格 p の関数として供給量 X が決まり、価格が変化すれば供給量も変化します。

　図3-2にはいろいろな弾力性の供給曲線が描かれています。現実のさまざまな経済問題を分析するさい、供給の価格弾力性がどのような値になっているのか、つまり供給曲線の形状がどうなっているのかが重要な意味を持ってきます。この点は、例えば第1章で消費税の転嫁について考えるときにも出てきた問題です。

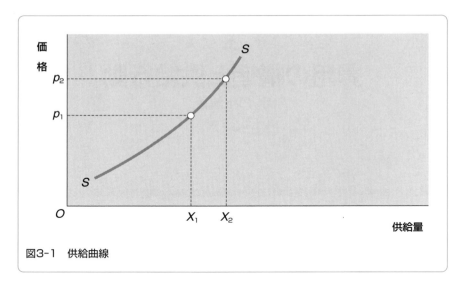

図3-1　供給曲線

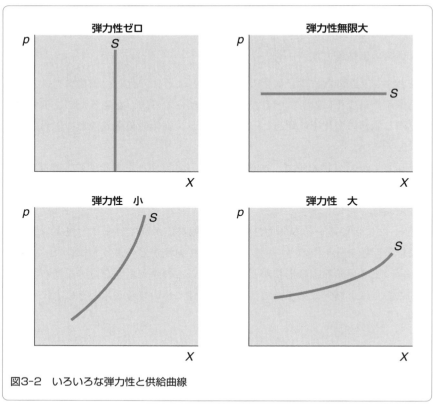

図3-2　いろいろな弾力性と供給曲線

表3-1　費用の諸概念

総 費 用 ━➡ 費用全体

平均費用 ━➡ 単位当たりの費用（＝$\dfrac{総費用}{生産量}$）

限界費用 ━➡ 生産量を１単位増加することに伴う費用の増大幅

可変費用 ━➡ 総費用のうち、生産量に応じて増大する部分（＝総費用－固定費用）

固定費用 ━➡ 生産量とは独立にかかる費用

いろいろな費用の概念を整理する

　表3-1に整理してあるように、ミクロ経済学では費用に関するさまざまな概念が出てきます。とくに重要なものは限界費用ですが、それ以外にも、総費用、平均費用、可変費用、固定費用などの概念があります。それぞれの意味を理解して、それらの関係を確認してください。

　図3-3は、よく見られる形状の総費用、限界費用、平均費用を描いたものです。それぞれの間の関係を教科書の説明を読みながらチェックしてください。そのおおまかな内容は以下のとおりです。

　限界費用は、総費用曲線のそれぞれの生産量のところでの（接線の）傾きに対応するもので、供給量（生産量）を増やすことに伴う追加的な費用を表わしています。これに対して平均費用は、総費用を供給量で割ったもので、単位当たりの費用を表わしています。総費用曲線のそれぞれの生産量に対応する点を原点と結んだ直線の傾きが、その生産量での平均費用を表わしています。図3-3を使って、限界費用曲線と平均費用曲線の特徴を説明しておきます。

- 平均費用曲線の底の部分を限界費用曲線が通ります。
- 平均費用曲線が右下がりの部分、すなわち供給量の増加に伴って平均費用が下がっていくような場合には、限界費用は平均費用よりも低くなっています。逆に平均費用が右上がりのところでは、限界費用は平均費用よりも

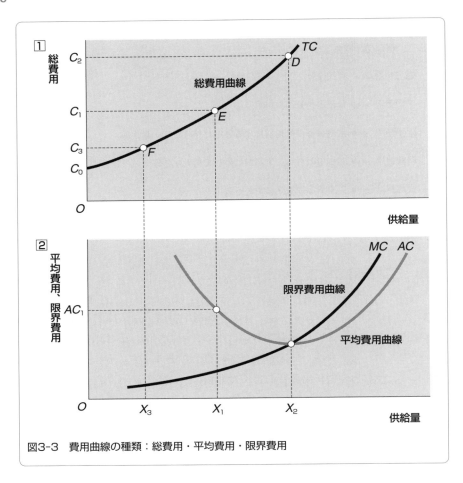

図3-3　費用曲線の種類：総費用・平均費用・限界費用

高くなっています。

経済学における短期と長期の定義

　経済学ではしばしば、短期と長期というような時間の区分を行います。設備などの調整がすぐにできない短い期間での動きを<u>短期</u>と呼び、設備やその他の諸々の市場条件が調整されるような長い期間を<u>長期</u>と呼びます。短期と長期をどのように区別するのかは、どのような問題が考察対象になるのかでいろいろ

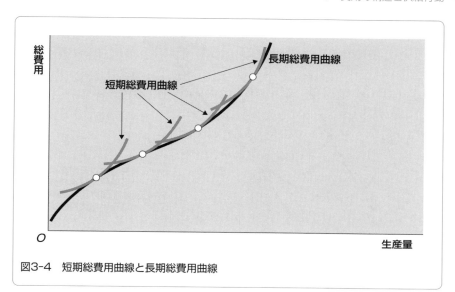

図3-4　短期総費用曲線と長期総費用曲線

なケースがあります。

　例えば、ここでは図3-4に描いたような短期と長期の費用曲線を対比していますが、これは設備の調整を行う十分な時間があるかないかで短期と長期を分けているのです。一方、次章では、利益機会がある産業に新たな企業が参入してくるような状況を<u>長期</u>、参入を考えないで既存の企業だけで競争している状況を<u>短期</u>と呼びます。

　図3-4のように短期と長期の費用曲線を区別することは、現実の経済問題を考えるうえで重要です。企業は短期的には設備投資などの大きな調整をする時間がないので、与えられた設備のなかで供給量を調整しなくてはいけません。与えられた設備の下で生産を増やそうとすればそれだけ無理をしなくてはいけません。しかし、長期的には設備を増やしたりすることでより柔軟な生産拡大を行うことが可能になります。このような違いを反映して、短期費用曲線と長期費用曲線の間には、図3-4に描いたような関係が見られるのです。

　図3-5には、短期と長期の費用曲線を、限界費用曲線と平均費用曲線の上で描いてあります。両者の関係について、以下の点を中心に確認してください。

- <u>長期平均費用曲線</u>は<u>短期平均費用曲線</u>の包絡線となっています。

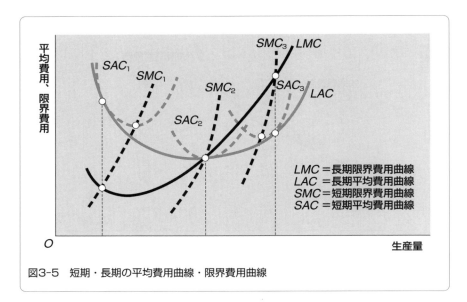

図3-5　短期・長期の平均費用曲線・限界費用曲線

- 短期限界費用曲線のほうが長期限界費用曲線よりも傾きが大きくなっています（なおミクロ経済学教科書では、長期平均費用曲線（long-run average cost）、短期平均費用曲線（short-run average cost）、長期限界費用曲線（long-run marginal cost）、短期限界費用曲線（short-run marginal cost）のそれぞれの頭文字をとって、それぞれ LAC、SAC、LMC、SMC と表記することがあります。こうした表記にも慣れてください）。

　U字型の長期平均費用曲線の底に当たる部分で、短期平均費用曲線も接しており、そこでは短期と長期の限界費用、そして短期平均費用が、長期平均費用と等しくなります。

費用曲線の上で利潤最大化行動を理解する

　図3-6を用いて、企業の利潤最大化行動の特徴と、そこから導出される供給曲線の意味を確認してください。以下のようなステップになります。
　まず鍵となるのは、ここでは完全競争的な市場を想定しているということです。完全競争にはいろいろな意味があり、詳しくは次章で取り上げますが、こ

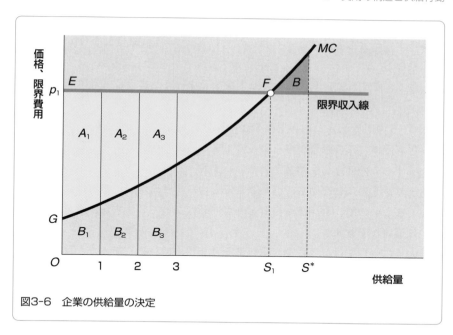

図3-6　企業の供給量の決定

こでは個々の企業が<u>プライス・テイカー</u>（市場に多数の供給者が存在するため、市場で決まる価格をそのまま受け入れて販売せざるをえない供給者のこと）であるという点だけ考えていただければけっこうです。完全競争の世界では競争相手となる企業が非常に多く、競争相手が供給する財に関して品質などの違いはほとんどないと想定しています。そのため、個々の企業は市場で成立する価格で販売するしかありません。また、そのような価格でいくらでも売ることができるのです。図の縦軸上にある p_1 がこの価格を表わしています。

　限界収入線がこの価格のところで水平線になっているのは、プライス・テイカーの想定の下では、この価格でいくらでも売れるからです。別の言い方をすれば、この企業はつねに p_1 という価格だけの限界的な収入（限界収入）を確保できるのです。<u>限界収入</u>とは、追加的に供給することで得られる収入の増加分のことです。

　この限界収入が<u>限界費用</u>よりも高い限り、追加的な利潤が増えるので、企業は供給量を増やしていったほうが利益を増やすことができます。限界収入と限界費用の差が限界的な利益となるからです。図3-6の赤色部分がそれを表わしています。企業にとっては限界収入と限界費用が等しくなるところまで供給

するのが<u>最適</u>となります。それは、図では S_1 という供給量となっています。供給量を S_1 まで増やすことで利潤が最大化します。そして図から、もし S_1 よりも多く供給すれば、利潤はかえって少なくなってしまうことも確認してください。

図3-6の限界収入と限界費用の差の部分を足し合わせたもの、すなわち図の赤色部分は、この企業が得ることのできる<u>最大の利潤</u>であることがわかると思います。この部分を<u>生産者余剰</u>といいます。

あまり詳しいことを話して混乱させてもいけませんが、この図には固定費用が出てこないので、利潤と生産者余剰が同じになっていますが、両者の間にはじつは違いがあります。

この点については、第12章で重要になりますので、そこでふたたび触れることにします（伊藤ミクロ102～104ページでは、生産者余剰についてもう少し詳しく説明してあります）。

3
費用の構造と供給行動
練習問題

次の問いのア〜キの空欄に適切な数字、あるいは言葉をあてはめなさい。また、①と②については正しいものを選びなさい。

1. 価格の変化に対して、供給量が大きく変化するとき、そのような供給曲線を価格に対して（①　弾力的・非弾力的）な供給曲線という。この場合、供給量が価格に敏感に反応する。

2. 価格の変化に対して、供給量の変化の程度が小さいとき、そのような供給曲線を価格に対して（②　弾力的・非弾力的）な供給曲線という。この場合、供給量が価格に対してあまり敏感に反応しない。

3. 価格が10％上昇したときに、供給量が5％上昇した場合、供給の価格弾力性の大きさは、（　ア　）になる。

4. 生産1単位当たりにかかる費用は、（　イ　）費用と呼ばれ、総費用を生産量で割ることで求めることができる。

5. 生産量を増加させたときに、追加的に増える費用の大きさが（　ウ　）費用である。

6. 追加的に供給することで得られる収入の増加分は、（　エ　）収入と呼ばれる。

7. 設備などの調整がすぐにできない短い期間での動きを（　オ　）と呼び、設備やその他の諸々の市場条件が調整されるような長い期間を（　カ　）と呼ぶ。

8. 完全競争の下では、限界収入は価格の大きさに等しく、一定となる。

　企業が利潤最大化行動をとると、企業は、価格が（　キ　）費用と等しくなるところまで供給しようとする。

解答

ア．0.5　　イ．平均　　ウ．限界　　エ．限界　　オ．短期　　カ．長期

キ．限界　　①弾力的　　②非弾力的

例題1

　太郎君と花子さんが作っているビスケットに対する価格と供給量の関係が、下の表のようになっていたとします。このとき、2人の市場供給量はどのように描けるでしょうか。ただし、この市場におけるビスケットの供給者はこの2人だけだとします。

ビスケットの価格	太郎君の供給量	花子さんの供給量
0円	0個	0個
50円	200個	0個
100円	250個	80個
150円	300個	120個
200円	350個	160個
250円	400個	200個

解答

　2人の市場供給量は、それぞれの価格における2人の供給量を足し合わせたものになる。例えば、ビスケットの価格が0円のとき、太郎君も花子さんもともに供給量は0個なので、2人の市場供給量は0個（＝0個＋0個）となる。同様にして、ビスケットの価格が50円であれば、太郎君の供給量は200個であり、花子さんの供給量は依然として0個なので、市場供給量は200個（＝200個＋0個）となる。これを繰り返すと、次のような表が得られる。

ビスケットの価格	市場供給量
0円	0個 （＝ 0個＋0個）
50円	200個 （＝ 200個＋0個）
100円	330個 （＝ 250個＋80個）
150円	420個 （＝ 300個＋120個）
200円	510個 （＝ 350個＋160個）
250円	600個 （＝ 400個＋200個）

　太郎君の供給曲線を表わしたものが図 a であり、花子さんの供給曲線を表わしたものが図 b である。市場の供給曲線は 2 人の供給曲線を水平に足し合わせたものであり、図 c のように描くことができる。

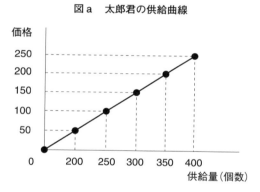

図a　太郎君の供給曲線

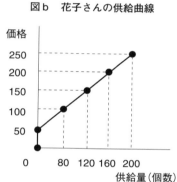

図b　花子さんの供給曲線

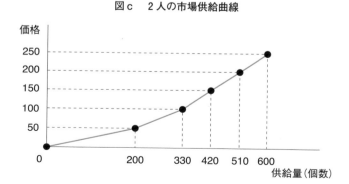

図c　2 人の市場供給曲線

例題2

　ある財に対する供給曲線が、$S = 10p - 200$ という形をしているとします。ただし、S は供給量であり、p は価格を表わしています。このとき、以下の問いに答えなさい。

(1) この財の価格が30のときの生産者余剰はいくつでしょうか。

(2) 価格が40のときの供給の価格弾力性の大きさはいくつでしょうか。このとき供給は価格に対して弾力的でしょうか、非弾力的でしょうか。

解答

(1) この供給曲線は下の図のように描ける。この財の価格が30であれば、そのときの供給量は、100（$= 10 \times 30 - 200$）になる。生産者余剰は、総収入からその生産にかかった費用（可変費用）を差し引いた大きさである。総収入は□$ODBC$ であり、3000（$=$ 価格×供給量$= 30 \times 100$）。また、かかった費用（可変費用）は限界費用の大きさを累積したものになるので、台形 $OABC$ になり、その大きさは2500（$(20 + 30) \times 100 \div 2$）となる。したがって、生産者余剰は△$ADB$ の面積であり、500（$= 3000 - 2500$）。

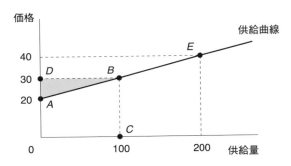

(2) 点 E における供給の価格弾力性を求めればよい。供給の価格弾力性は、

$$供給の価格弾力性 = \frac{供給量の変化率}{価格の変化率} = \frac{\Delta x / x}{\Delta p / p} = \frac{\Delta x}{\Delta p} \times \frac{p}{x}$$

（ただし、p は価格、x は供給量）

と変形できる。供給曲線の傾き（$\Delta p / \Delta x$）が1/10であり、点 E では価格が40、供給量が200なので、$p/x = 40/200 = 0.2$ となる。したがって、供給の価格弾

力性は 2 （＝ 10×0.2）。供給の価格弾力性は 1 より大きいので、価格に対して弾力的である。

> 補足
>
> 　供給の価格弾力性も簡単に求めることができます。下図の点 A での供給の価格弾力性は、
>
> $$供給の価格弾力性 = \frac{\Delta x}{\Delta p} \times \frac{p}{x} = \frac{BC}{AC} \times \frac{AC}{OC} = \frac{BC}{OC}$$
>
> $$\left(\because \frac{\Delta x}{\Delta p} = \frac{BC}{AC},\ \frac{p}{x} = \frac{AC}{OC} \right)$$
>
> となります。この問題の場合、$OC = 200$、$BC = 400$ なので、供給の価格弾力性は 2 （＝ 400÷200）になります。
>
> 　また、供給曲線上の点における接線が原点を通る場合、その点における供給の価格弾力性は 1 となります。

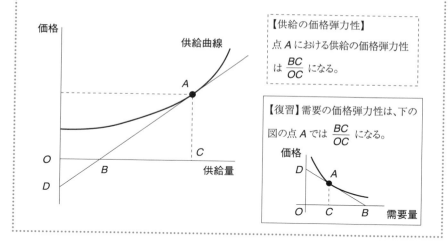

【供給の価格弾力性】
点 A における供給の価格弾力性は $\frac{BC}{OC}$ になる。

【復習】需要の価格弾力性は、下の図の点 A では $\frac{BC}{OC}$ になる。

例題3

　個々の企業の限界費用曲線が $MC = 2x + 10$ で与えられている企業が 100 社あるとします。ただし、MC は限界費用で、x は 1 社当たりの供給量になります。また、完全競争的な市場を想定し、各企業がプライス・テイカーとして、ある財を市場に供給しているとします。企業の数が 100 の

まま変化しないものとして、以下の問いに答えなさい。

(1) この市場での供給曲線はどう描けるでしょうか。

(2) 価格が18であるとき、利潤を最大化する供給量はいくつでしょうか。また、このときの生産者余剰はいくつでしょうか。

(3) 市場全体の需要曲線が $D = 1500 - 50p$ という形をしているとします。ただし、D は需要量、p は価格とします。このとき、均衡における消費者余剰と生産者余剰を求めなさい。

解答

(1) 完全競争市場における企業の利潤最大化行動の下では、「価格＝限界費用」の条件が成り立つので、個々の企業の供給曲線は $p = 2x + 10$ となる。市場の供給曲線は個々の企業の供給曲線を水平方向に足し合わせたものである。したがって、いま、価格を p_0 で固定し、個々の企業の生産量を x_i $(i = 1, 2, \ldots, 100)$ とおくと、企業100社の供給曲線は、

$p_0 = 2x_1 + 10 \cdots\cdots$①

$p_0 = 2x_2 + 10 \cdots\cdots$②

$\vdots$

$p_0 = 2x_{100} + 10 \cdots\cdots$⑩⑩

と書ける。左辺と右辺をそれぞれ足し合わせると、$100p_0 = 2(x_1 + x_2 + \cdots + x_{100}) + 1000$ が得られる。この式は p_0 の価格だけでなく、あらゆる価格についても成り立つので、p_0 を p とおき、さらに市場の供給量を X ($= x_1 + x_2$

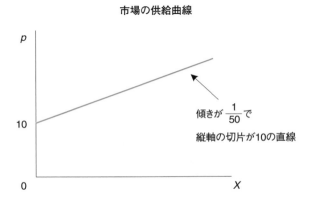

市場の供給曲線

傾きが $\dfrac{1}{50}$ で
縦軸の切片が10の直線

$+\cdots+x_{100}$）とおくと、市場の供給曲線として、

$$100p = 2X + 1000$$

が得られる。よって、$X = 50p - 500$。

(2) 企業がプライス・テイカーとして行動している場合、利潤を最大化する供給量は価格と限界費用が一致する点、すなわち供給曲線上の点になる。したがって、価格が18のときは$X = 400$。また、このときの生産者余剰は、下の図の$\triangle ABC$になるので、1600となる。

(3) 需要曲線を書き込むと、図のように、均衡は点Eで実現される。このとき、均衡価格は20になり、均衡における需要量および供給量はともに500になる。消費者余剰は$\triangle DEF$になるので、その面積は2500となり、生産余剰は$\triangle ADE$になるので、その面積は同じく2500になる。

市場の供給曲線

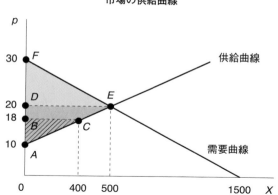

補足

　プライス・テイカーとは、価格に影響を与えることができない取引主体をいいます。プライス・テイカーの存在は、市場が完全競争市場にあることを示しています。完全競争市場では、①多数の取引主体（買い手・売り手）がいること、②多数の売り手によって供給される財がほぼ同質であること、③市場への参入や退出が自由であることが成立しています。

例題 4

　下の図に描かれている *MC* 曲線は限界費用曲線、*AC* 曲線は平均費用曲線、*AVC* 曲線は平均可変費用曲線を表わしています。この図をもとにして、企業がプライス・テイカーとして行動することを想定し、以下の問いに答えなさい。

(1)　この企業の供給曲線は *OABM* となり、価格が p_1 より低ければ、供給を行いません。このことについて説明しなさい。

(2)　市場価格が p^* であるとすると、生産者余剰（粗利潤）は *CDAB*、利潤（= 粗利潤 − 固定費用）は □*CDEF*、固定費用は □*FEIG* になりますが、これについて説明しなさい。また、生産者余剰は利潤と固定費用の和になることを確かめなさい。

(3)　固定費用が増大すると、*MC* 曲線、*AC* 曲線、*AVC* 曲線は変化するでしょうか。また、価格が変わらないとすると、生産者余剰や利潤はどうなるでしょうか。

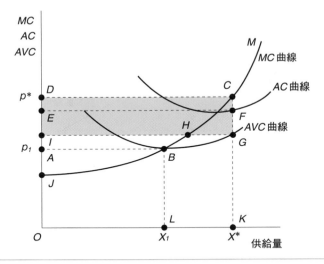

解答

(1) 企業の利潤最大化行動によって、価格が限界費用と等しくなるところまで供給が行われる。よって、MC 曲線上の点をとることになる。しかし、価格が平均費用を下回ると赤字が生じ、さらに平均可変費用を下回ると固定費用分も回収できなくなるので供給は行われなくなる。したがって、供給曲線は $OABM$ となる。

(2) 生産者余剰（粗利潤）は、総収入から費用（可変費用）を差し引いた大きさである。価格が p^* であれば供給量は X^* になるので、総収入は p^*X^*（$= CDOK$）となる。一方、可変費用は限界費用を累積したものになるので、MC 曲線の下側の面積に等しい。X_1 から X^* までの供給量では $BLKC$ になる。また、供給量が X_1 のときの可変費用は □ $AOLB$ になる。これは、AVC 曲線上の点でもある点 B では BL だけの平均可変費用がかかり、供給量が X_1 なので、これらの積 p_1X_1 が供給量 X_1 のときの可変費用になる。したがって、価格が p^* のときの生産者余剰は $CDAB$ となる。

　利潤は、総収入から総費用を引いたものになる。平均費用は総費用を生産量で割った値なので、総費用は平均費用に生産量（供給量）を掛け合わせたものになる。供給量が X^* であれば、平均費用は FK となるので、その面積 □ $FEOK$ が総費用となる。総収入は □ $CDOK$ なので、利潤はその差である □ $CDEF$ となる。

　また、「総費用 ＝ 可変費用＋固定費用」であり、両辺を生産量（供給量）で割ることで得られる「平均費用 ＝ 平均可変費用＋平均固定費用」の関係式から、X^* に対応する平均固定費用は FG の長さになることがわかる。したがって、固定費用は平均固定費用に生産量（供給量）を掛け合わせたものになるので、□ $FEIG$ になる。

　可変費用の大きさが、基本的には MC 曲線の下側であることから、その面積が $CBAOK$ になる。一方、これは AVC 曲線（平均可変費用曲線）からも求めることができ、その場合は $GIOK$ の大きさになる。このことをあわせて考えると、$HIAB$ と CHG の大きさは同じになることがわかる。このことから、生産者余剰の大きさは □ $CDIG$ と等しくなり、利潤と固定費用の和であることが確かめられる。

(3) 総費用曲線とそれに対応する MC 曲線、AC 曲線、AVC 曲線は下の図の

ように表わされる。図の点 A、点 B はそれぞれ、平均可変費用、平均費用
が最小となる点である。原点と結んだ直線の傾きが平均費用（図の点 C なら
ば a の大きさ）であり、点 D と結んだ直線の傾きが平均可変費用（図の点 C
ならば b の大きさ）になる。

このとき、固定費用が増大すると、その分だけ総費用曲線が上に平行移動
することになる。したがって、限界費用曲線と平均可変費用曲線は変わらず、
平均費用だけが上昇するので、平均費用曲線だけが上方にシフトすることに
なる。その結果、固定費用の増加分だけ利潤は減少する。生産者余剰は変わ
らない。

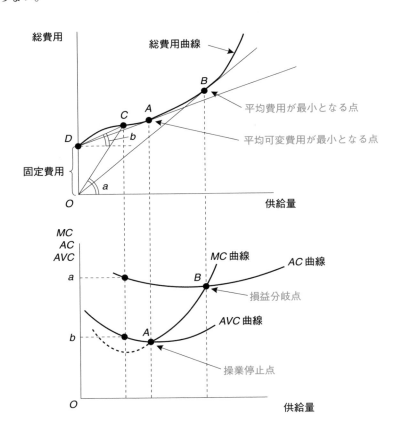

> ### 補足
>
> 　短期の競争市場では、平均費用が最小となる点を損益分岐点、平均可変費用が最小となる点を操業停止点と呼びます。なぜなら、損益分岐点を下回る価格では、固定費用の一部は回収できるものの赤字が生じ、操業停止点を下回る価格では固定費用以上の赤字が生じて企業が退出せざるをえないと考えるからです。

練習問題1

　プライス・テイカーであるとはどういうことでしょうか。

解答

　売り手・買い手がともに多数存在し、供給されている財がほぼ同質であるため、個々の取引主体が価格支配力を持ちえないということ。

> ### 補足
>
> 　プライス・テイカーの存在は、市場が完全競争状態にあることを示しています。ある程度以上の価格支配力を持つものはプライス・メイカー（プライス・セッター）と呼ばれます。
>
> さまざまな市場のタイプ
>
> | 市場 | | 企業の数 | 製品の差別化 | 価格支配力 |
> |---|---|---|---|---|
> | 完全競争市場 | | 多数 | なし | なし |
> | 不完全競争市場 | 独占 | 1つ | なし | あり |
> | | 寡占 | 少数 | ある場合もない場合もある | あり |
> | | 独占的競争 | 多数 | あり | ある程度あり |

練習問題2

　次郎君はアイスを500円で買いたいと思っていました。いま、そのアイスの価格が380円だったとします。売り手はそのアイスを150円で作ることができたとしたならば、次郎君がそのアイスを買ったときの総余剰はいく

64

らになるでしょうか。ただし、固定費用は無視します。さらに、この経済にはこの売り手と次郎君だけしかいないとします。

解答

　消費者余剰は、支払う意思があった金額から実際に支払った金額の差であるから、120円（＝500円−380円）になる。一方、生産者余剰は、収入から費用（可変費用）を引いたものになるので、230円（＝380円−150円）になる。したがって、総余剰はそれらを足して、350円（＝120円＋230円）になる。

◯×問題
1．長期の限界費用曲線の傾きは、短期のそれよりも大きい。
2．完全競争市場で、企業が利潤最大化行動をとっていれば、価格と限界費用は一致する。
3．供給曲線と価格によって決定される供給量は、生産者余剰を最大化する供給量でもある。
4．一般的に、供給曲線の傾きが緩やかであれば、供給の価格弾力性は小さい。
5．台風が東北地方を襲ったので、今年のリンゴの収穫量が激減したという場合、これは、供給曲線の左方向へのシフトをもたらす。

解答

1．×。長期的には設備水準の調整が可能なので、生産量の増加に応じて、よりコストの低い最適な生産要素の組み合わせを実現できる。したがって、長期のほうが短期の場合よりも限界費用の増加を抑えることができるので、限界費用曲線の傾きは長期のほうが小さくなる。
2．◯。企業が利潤最大化行動をとっていれば、限界収入と限界費用は一致する。限界収入のほうが大きければ企業は生産量を増大し、逆に限界収入のほうが小さければ生産量を低下させる。プライス・テイカーである企業にとって、限界収入曲線は価格水準で水平な直線となる。したがって、完全競争市場では価格と限界収入は一致し、利潤を最大化する供給量では、価格と限界費用は一致することになる。
3．◯。

4．×。供給の価格弾力性は大きくなる。

5．○。

4
市場取引と資源配分
ポイント解説

市場とは何か

　ミクロ経済学では、<u>市場</u>という概念がしばしば出てきます。ここで市場というときには、魚市場や株式市場というような目に見える場所だけでなく、抽象的な意味で取引が行われるところ、という意味があります。経済学で、財市場、労働市場、資金市場などという形で市場という表現が出てきたら、それはそれぞれの財やサービスで需要や供給を考えて、価格決定のメカニズムを分析する場として抽象的に市場という表現が使われているというように考えてください。

　図4-1には、これまで出てきた需要曲線と供給曲線が描かれています。ここで、これまで学んできた以下の点を確認しておきましょう。

- 均衡は2つの曲線の交点で示され、均衡価格において需要量と供給量が一致します。
- 均衡価格よりも価格が高いと需要量よりも供給量のほうが大きくなり、超過供給の状態になります。その場合には価格は引き下げられて、需給がバランスする方向に調整します。
- 均衡価格よりも価格が低いと需要量のほうが供給量よりも大きくなり、超過需要の状態になります。その場合には価格は引き上げられて、需給がバランスする方向に調整します。
- 図4-1から、これまでの章の内容の復習をかねて、この市場での消費者余剰と生産者余剰を確認してください。

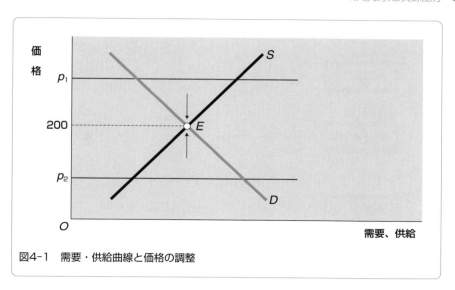

図4-1　需要・供給曲線と価格の調整

なぜ自由な市場取引によって、資源配分の最適性が達成されるのか

　経済の重要な問題は、労働・資本・土地などの資源が、社会にとってもっとも好ましい形で利用され、そこで生産された財やサービスが社会に好ましい形で国民に配分されることです。このような問題を資源配分の問題といいます。

　本章の主たる目的は、競争的な環境のなかで市場の取引にゆだねておけば、資源配分の最適性が実現するということを理解してもらうことです。この問題について、この章ではいろいろな形で説明が試みられています。

　まず、市場経済と計画経済を比較することで、市場経済の資源配分メカニズムを理解してください。図4-2および図4-3で示したことを要約すると次のようになります。

　計画経済がうまくいかなかったことは歴史的事実として証明されています。その背後には、いかなる優秀な計画者であっても、経済のすみずみに分散した個々の生産主体のコスト構造や、一人ひとりの国民の選好に関する情報を確保することができないということがあります。どのように優れた経済計画を立てても、結果的に正しくない情報と誘因に基づいて行動することになるので、資源配分には大きな歪みが生じることになります。

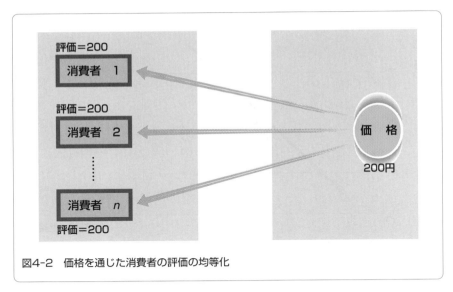

図4-2 価格を通じた消費者の評価の均等化

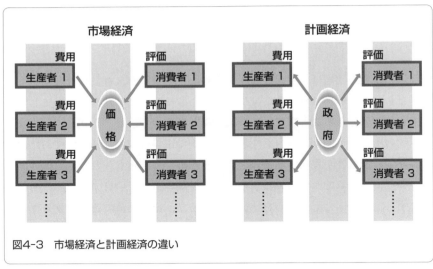

図4-3 市場経済と計画経済の違い

　これに対して市場経済の基本は、個々の生産者や消費者が、それぞれ勝手に自分の行動を決めることにあります。ただ、消費者も生産者も共通の価格に直面して自らの行動を決めます。この価格が情報伝達効果を果たし、結果的に資源配分は好ましい形で実現することになります。

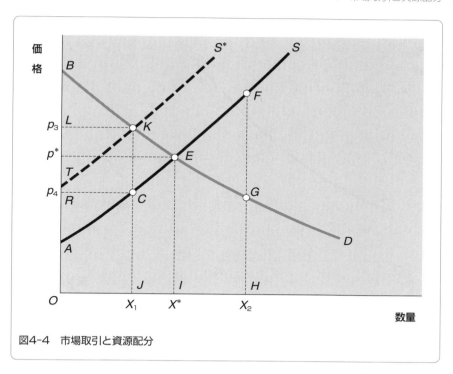

図4-4　市場取引と資源配分

　簡単にいってしまえば、価格よりも低い費用で生産できる生産者が供給を行い、価格よりも高い評価をしている消費者やユーザーに財・サービスが販売されます。経済全体としての需要と供給は価格が調整することで等しくなるのです。

余剰分析で市場経済の資源配分効果を確認する

　市場経済が最適な資源配分を実現するということは、これまでの章で説明してきた消費者余剰や生産者余剰の考え方を使っても説明できます。図4-4は通常の需要曲線と供給曲線を描いたものですが、この交点 E で社会全体としての消費者余剰と生産者余剰を足し合わせたものがもっとも大きくなっているのです。この点は以下のいろいろな事例を見ることで詳しく検討されますが、ここでは事実のみを指摘しておきます。

　市場経済の均衡点（図4-4の点 E）で資源配分の最適性が実現されているこ

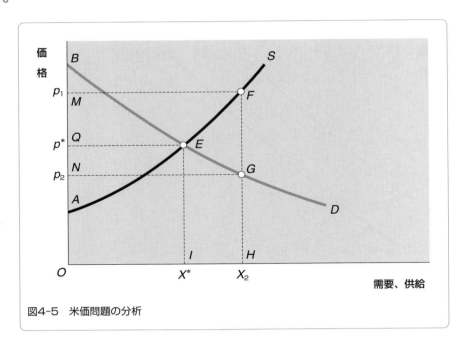

図4-5　米価問題の分析

とを確認するために、図4-5で過剰な生産が行われているために資源配分の歪みが生じる例を、かつての日本の米価問題を用いて説明します。

　生産者価格を図の p_1 のように高いところに設定し、消費者価格を図の p_2 のように低いところに設定すれば、結果的に米の生産量や消費量を大きくすることができます。しかし、そこでは資源配分に歪みが生じるのです（詳しくは伊藤ミクロ122〜124ページ）。

　もう1つの歪みの事例として、図4-6を用いて間接税が課された場合について説明します。間接税が導入されると、そうした税がない場合に比べて供給量も需要量も減少します。その結果、資源配分に歪みが発生するのです。図の上では、Lの部分がこの歪みを表わしています（Zの部分は税収です）。税によって生じた過小生産の場合の歪みについて確認してください（詳しくは伊藤ミクロ124〜128ページ、さらに伊藤ミクロ128〜130ページでは、海外との貿易を行うことによって生じる利益についても余剰分析を用いて説明してあります）。

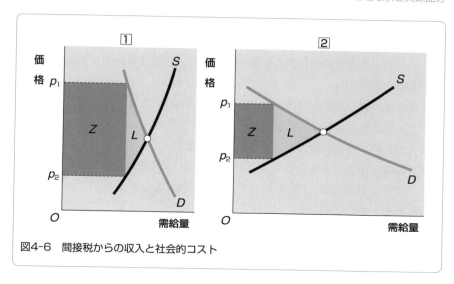

図4-6　間接税からの収入と社会的コスト

市場での競争にはほかにも資源配分を改善するメカニズムがある

　以上で説明した基本的なことに加えて、市場経済には資源配分上好ましいと考えられるメカニズムがいろいろと働いています。ここでは以下の4点（X効率性、自然淘汰、適者生存、比較優位）にふれます。

　1つはX効率性と呼ばれる現象です。競争にさらされていない企業や政府のような組織は、組織のなかにいろいろな形の腐敗や非効率性を醸成してしまいます。これをX非効率と呼びます。規制によって守られている産業もそうです。市場競争にさらされている企業であれば、組織内の資源配分を効率的にしないと競争に残れませんので、結果的に組織内でも資源配分がより効率的になるのです。つまり、X効率性が高まるのです。

　また、競争の下では自然淘汰のメカニズムが働いています。そして、それぞれの産業でそれに適した企業しか生き残れないという、適者生存の状況が生じているのです。

　適者生存というと、適さない企業や個人は見捨てられるという、非常に厳しい世界が想像されます。しかし、すべての人や国には、必ずその人や国にあった仕事や産業があるはずだというのが比較優位の考え方です。比較優位は、国際経済学ではもっとも基本的な考え方となりますが、世界的な規模での市場取

引である貿易の世界では、それぞれの国が必ず相対的な優位性を持てる産業があり、そのような産業に資源を集中することで、各国は経済的な利益を確保できるというのです。

　市場経済の持つ資源配分効果は、政策や経済制度のうえでも重要な意味を持ちます。保護貿易よりは自由貿易が望ましい、不要な規制はできるだけ緩和するほうがよい、可能な範囲で国営企業は民営化するほうがよい、といった政策判断の基礎にはこのような考え方があります。できるだけ小さな政府が好ましいという考え方として、「アダムスミスの夜警国家論」が有名ですが、これもそうした考え方の一例です。

完全競争市場における参入が果たす役割について

　完全競争には2つの重要な特徴があります。1つは、市場のなかで多くの企業が競争しているので、価格競争が非常に激しく、個々の企業が価格支配権を持てないということです。これはすでにプライス・テイカーの仮定として説明しました。もう1つの特徴は、潜在的にこの市場に参入してくる企業が多く存在し、超過利益のある市場には長期的に企業の参入が起きるということです。本章の最後にこの点について説明します。

　超過利益があるところには新規参入が起こり、損失が発生しているところでは一部企業の退出や倒産がある、というのが長期的な競争市場の特徴です。そのような参入や退出の結果、供給曲線はシフトしていきます。超過利益のある市場には新たな参入が起き、それが供給を増やし（供給曲線の右方向へのシフト）、それが価格を引き下げる要因となります。供給が増えて価格が下がっていけば、超過利益が小さくなっていきます。他方、多くの企業が損失を被っているような市場では、一部の企業がその産業から撤退したり、あるいは倒産したりします。その結果、供給は減少し（供給曲線の左方向へのシフト）、価格は上昇していきます。その結果、他の企業の利潤状況は改善していくのです。

　以上のような参入や退出という調整を通じて、完全競争的な市場では、長期的には超過利潤が生じないような状況になります。そしてこのメカニズムを通じて、多くの企業は平均費用の一番低い部分で生産物やサービスを供給せざるをえないことを確認してください（詳しくは伊藤ミクロ138〜145ページ）。

4
市場取引と資源配分
練習問題

確認問題

次の問いのア～ウの空欄に適切な言葉をあてはめなさい。また、①～⑤については正しいものを選びなさい。

1. 市場での自由な取引によって、需要側の（①　限界的評価・限界費用）と供給側の（②　限界的評価・限界費用）が価格と一致し、消費者余剰と生産者余剰を足し合わせた総余剰が最大となっている。

2. 需要の価格弾力性が大きく、供給の価格弾力性も大きい場合、間接税による余剰の損失は、（③　大きくなる・小さくなる）。

3. 需要の価格弾力性が小さく、供給の価格弾力性も小さい場合、間接税による余剰の損失は、（④　大きくなる・小さくなる）。

4. 市場経済では、さまざまな形で厳しい競争が展開されているが、そうした競争は資源配分上、とても重要な意味を持っている。競争にさらされていない企業に生じる資源配分のロスのことを（　ア　）という。

5. 企業が最低限獲得したいと考えている利潤の水準を（　イ　）利潤という。これを超えた利潤を稼いでいる企業があるような産業では参入が起こる。

6. 完全競争市場では、価格が限界費用に等しくなるところで企業は生産量を決定するが、価格が平均費用を上回る水準にあるとき、短期的には（　ウ　）利潤が生じる。

7. 完全競争市場の長期均衡では、価格は各企業の（⑤　限界・平均）費用の最低点の水準まで下がる。

解答

ア．X非効率　イ．正常　ウ．超過　①限界的評価　②限界費用
③大きくなる　④小さくなる　⑤平均

例題 1

　ある財の市場で、需要曲線と供給曲線が次のように与えられているとします。

$$D = 100 - p \ （D：需要量、p：価格）$$

$$S = 4p \ （S：供給量）$$

このとき、以下の問いに答えなさい。

(1)　市場均衡の価格と需要量および供給量を求めなさい。またそのときの消費者余剰、生産者余剰、総余剰を求めなさい。

(2)　かりに、この財を生産するうえで1単位につき10の税金が課せられているとしたら、消費者が支払う価格、生産者が受け取る価格、消費者余剰、生産者余剰、政府の税収、総余剰はどのようになるでしょうか。(1)の場合と比べて、総余剰はどれだけ違うでしょうか。

(3)　政府によって(2)のような課税が行われた場合、課税による厚生の損失（死荷重）は、課税後の最初の年と5年目とではどちらが大きいと考えられるでしょうか。

(4)　政府によって(2)のような課税が行われた場合、課税による税収は、課税後の最初の年と5年目とではどちらが大きいと考えられるでしょうか。

解答

(1)　市場均衡は、需要曲線と供給曲線の交点（次図の点C）で実現される。したがって、均衡価格は20、均衡における需要量および供給量は80。また、このときの消費者余剰は△ABCとなるので、その面積は3200。また、生産者余剰は△OBCとなるので、その面積は800。したがって、総余剰は消費者余剰と生産者余剰を足し合わせた△OACであり、4000。

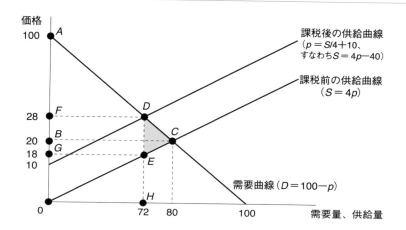

(2)　生産者に対する課税は、それだけ単位当たりのコストがかかることになるので、供給曲線が10だけ上方にシフトすることになる。消費者の支払う価格は図の点 D における価格であり、28。生産者が受け取る価格は、消費者が支払う価格から税金の分だけ引いた図の点 E における価格であり、18。消費者余剰は、需要量72までの需要曲線の下側の面積 $OADH$ から、実際に支払った□$OFDH$ の面積を差し引いた、△ADF に相当する面積であり、2592。一方、生産者余剰は、生産者の受取額□$OGEH$ から、費用の累積額である供給量72までの供給曲線の下側の面積△OEH を差し引いた、△OGE に相当する面積であり、648。さらに、政府の税収は、生産量が72であり、1単位当たり10の課税額なので、□$FDEG$ に相当する面積であり、720（＝72×10）。したがって、総余剰は、消費者の利益である消費者余剰と、生産者の利益である生産者余剰と、政府の収入である税収の3つを合計した面積 $OADE$ であり、3960。また、これは(1)の総余剰と比べて、40だけ小さくなる。この40が課税による厚生の損失（死荷重）であり、生産者の受け取り価格の低下、ないしは消費者の支払い価格の上昇によって、取引が失われるために生じる。これは△DCE に相当する。

(3)　課税後の最初の年と5年目を比べると、5年目のほうが需要曲線も供給曲線もより弾力的になると考えられる。長期的には、消費者はより代替的な財を求めるので、価格の反応に対しては敏感になると考えられる。一方、生産者についても、長期的には企業の生産規模を変更することができるなど、価

格の変化に対して敏感になると考えられる。需要曲線も供給曲線もともにより弾力的である5年目のほうが、課税によって消費者が支払う価格が上昇したり、生産者が受け取る価格が低下したりすることによって、妨げられる取引がより多くなるので、厚生の損失がより大きくなると考えられる。

(4) 課税による税収は、1単位当たりの税額に生産量を掛け合わせたものになる。1単位当たりの税額は10で一定であるが、生産量は5年目の課税のほうが小さくなる。需要や供給の価格弾力性が5年目のほうが大きくなるため、課税によって妨げられる取引も多くなるからである。したがって、課税による税収は、課税後の最初の年のほうが5年目よりも大きいと考えられる。

例題2

　ある財に対する需要曲線が $D = 100 - p$、供給曲線が $S = 4p$ であるとします。ただし、D は需要量、S は供給量、p は価格です。この財が海外と貿易されているとして、以下の問いに答えなさい。

(1) この財が海外から輸入されるのは、国際価格がどのような場合でしょうか。ただし、輸送費用や関税は考えなくてよいとします。

(2) いま、この財の国際価格が5であったとします。この国はこの価格でいくらでも海外から輸入できるものとすると、この国はこの財の輸入国となります。このときの輸入量、消費者余剰、生産者余剰を求めなさい。また総余剰はどのくらいになるでしょうか。

(3) この国が海外と貿易をしていなかった場合と比べると、総余剰はどれだけ大きく、ないしは少なくなっているでしょうか。

(4) この国が、国際価格5の下で財1単位当たり10だけの輸入関税をかけているとすると、輸入量、関税収入、消費者余剰、生産者余剰はどうなるでしょうか。また、総余剰はどのくらいになるでしょうか。さらに、厚生の損失を求めなさい。

(5) この国が、国際価格5の下で輸入関税を財1単位当たり15に上昇させたとき、輸入量、関税収入、消費者余剰、生産者余剰はどうなるでしょうか。また、総余剰はどのくらいになるでしょうか。

(6) 〔発展問題〕この国が、(4)の政策にかえて、輸入割当（輸入数量の制限）

を行ったとします。輸入数量を(4)の輸入数量の水準に設定すると、総余
剰はどうなるでしょうか。

解答

(1) この財が海外から輸入されるのは、国際価格が国内の均衡価格である20
（$100-p=4p$ より $p=20$）よりも低いときである。このとき、国内では財の
超過需要が生じ、超過需要量に相当する大きさが輸入されることになる。

(2) 輸入量は超過需要量に相当する大きさなので、下の図の FE となり、75
（$=95-20$）。貿易後の価格が5になることから、消費者余剰は$\triangle ADE$ の面
積になり、4512.5。また、生産者余剰は$\triangle ODF$ の面積になり、50。したがっ
て、総余剰は、消費者余剰と生産者余剰を加えた4562.5。

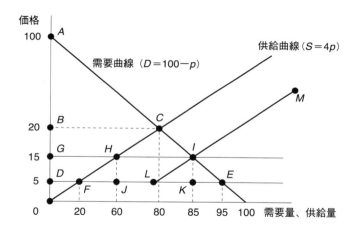

(3) 海外と貿易をしていなかった場合では、均衡価格は20であり、均衡におけ
る生産量は80になるので、総余剰は$\triangle OAC$ の面積である4000。このことか
ら、貿易によって562.5だけの余剰が増加することがわかる。これは$\triangle CEF$
の面積に相当する。

(4) この国が財1単位当たり10だけの関税をかけると、国内での価格は、国際
価格に関税分だけ上昇した15。したがって、輸入量は超過需要量である HI
となり、25（$=85-60$）。関税収入は、財1単位当たりの関税額に輸入量を
掛け合わせた大きさになるので、$\square HIKJ$ の面積になり、250となる。消費
者余剰は$\triangle AIG$ の面積になり、3612.5。一方、生産者余剰は$\triangle OGH$ の面積

になり、450となる。したがって、総余剰は、消費者余剰と生産者余剰と関税収入を足し合わせた4312.5となる。この結果、関税をかけないときの総余剰の大きさである4562.5と比べると250だけ小さくなるので、厚生の損失は250になる。これは$\triangle HJF$ と$\triangle IEK$ の2つの面積の和に相当する。

(5) 輸入関税を15に上げると、国内での価格が貿易する前の均衡価格20に等しくなる。したがって、貿易が行われない状況が実現し、輸入量はゼロとなる。消費者余剰は$\triangle ABC$ の3200、生産者余剰は$\triangle OBC$ の800、総余剰はそれらを足した4000となる。

(6) 輸入割当を行った場合、国際価格（ここでは5）よりも高いところでの国内供給量は、国内生産者の生産量（ここではGH の量）と輸入量（この場合はHI の量）を足した大きさになる。したがって、供給曲線はHI （$= FL$）の大きさだけ右に平行移動するため、図の$OFLM$になる。この結果、市場均衡は需要曲線と供給曲線の交点I 点で実現される。消費者余剰は$\triangle AIG$、生産者余剰は$\triangle OGH$、割当許可証の保有者（許可された割当量を輸入する業者で、通常は海外の輸出企業に割り当てられる）の収入は$\square FHIL$ になる。$\square FHIL$ は平行四辺形なので、その面積は$\square HIKJ$ に等しい。したがって、輸入割当による総余剰は、関税の場合と同じになる。関税であれば本来、政府に入ってくる収入が、海外にある輸出企業に行ってしまう点を除けば、輸入割当と関税の効果は同じものになる。

補足

　死荷重が生じるのは、過剰生産と過小消費という非効率な状況が生じるためです。死荷重とは、失われた余剰の大きさです。関税によって国内価格が引き上げられると、生産者は生産量を増加させ、消費者の消費量が減退することで死荷重が生じます。また、輸入割当とは、該当する品目に対して、国内の需要や供給などに基づいて輸入数量や輸入金額を輸入業者に割り当てることをいいます。

練習問題 1

　ある財に対する需要と供給について、需要曲線が $D = 100 - p$、供給曲線が $S = p$ で表わされるとします。ただし、D は需要量、S は供給量、p は価格です。

　このとき、政府が財 1 単位の生産につき10ずつの補助金を生産者に支払うとします。この生産補助金はどのくらいの厚生損失をもたらすでしょうか。

解答

　次のページの図の D_0 は需要曲線（$D = 100 - p$）、S_0 は補助金前の供給曲線（$S = p$）、S_1 は補助金後の供給曲線（$S = p + 10$）である。補助金の支払いによって、生産者の 1 単位当たりの生産コストはその分だけ低下するので、供給曲線が下方にシフトする。生産補助金を支払わないときの均衡は D_0 と S_0 の交点である点 C で実現される。このときの消費者余剰は $\triangle ABC$ で1250、生産者余剰は $\triangle OBC$ で1250となるので、総余剰（＝ 生産者余剰 + 消費者余剰）は2500となる。

　一方、生産補助金の支払いによって、均衡は D_0 と S_1 の交点である点 G で実現される。このときの需要量は OI（ここでは55）であり、消費者の支払い価格は OF（ここでは45）になるので、消費者余剰は $\triangle AFG$ となり、1512.5になる。また、生産者余剰については、生産者の受取価格は OD（OF が消費者の支払い価格であり、DF が 1 単位当たりの補助金額になるから）であり、生産量は OI（ここでは55）なので、生産者の収入は $\square ODEI$（ここでは3025）となる。一方、生産者の費用は供給曲線 S_0 の高さを OI まで累積したものになるので $\triangle OEI$（ここでは1512.5）となる。よって、生産者余剰は $\triangle ODE$（＝ $\square ODEI - \triangle OEI$）となり、1512.5になる。

　また、補助金の支払い額は、1 単位当たりの補助金額が10であり、生産量が OI なので、550になる。補助金の支払いを税金でまかなうとすると、総余剰は、消費者余剰に生産者余剰を足したものから補助金の支払い額（税金）を差し引いたものなので、2475（＝ 1512.5 + 1512.5 - 550）になる。したがって、補助金の支払いによる厚生の損失は25（＝ 2500 - 2475）となり、これは $\triangle CEG$ の面積に相当する。

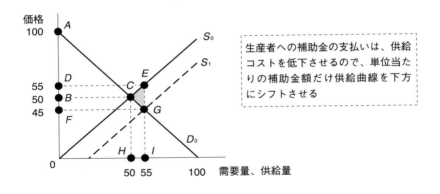

生産者への補助金の支払いは、供給コストを低下させるので、単位当たりの補助金額だけ供給曲線を下方にシフトさせる

練習問題2

　ある財に対する需要と供給について、需要曲線が $D = 100 - p$、供給曲線が $S = p$ で表わされるとします。ただし、D は需要量、S は供給量、p は価格です。また、国際価格は60であるとします。この国は、それ以外の国と比べて小国であり、この国の行動は世界の市場に影響を及ぼさないと仮定して、以下の問いに答えなさい。

(1)　海外と貿易をする場合、この国は輸出国になります。このときの輸出数量を求めなさい。また、消費者余剰、生産者余剰、総余剰はいくらになるでしょうか。また、海外との貿易をしなかった場合と比べて、総余剰はどのくらい増えるか、あるいは減るかを求めなさい。

(2)　この国が輸出補助金をかけたとします。財1単位当たり10の輸出補助金をかけた場合、消費者余剰、生産者余剰はどうなるでしょうか。また、総余剰はどれだけ変化するかを求めなさい。ただし、輸出補助金は税金でまかなわれるとします。

解答

(1)　海外との貿易がない場合、この国の市場均衡は次の図の点 F で実現され、均衡価格は50になる。海外と貿易する場合、国際価格（ここでは60）のほうが、貿易をしない場合の国内均衡価格よりも高くなるので、この国はこの財の輸出国になる。このとき、国内の消費者の需要量は BC で表わされ、国内の生産者の供給量は BD で表わされる。この差である CD が海外への輸出量となる。したがって、輸出数量は20（= 60 - 40）。また、消費者余剰は△ABC で

表わされ、その面積は800。生産者余剰は△OBD で表わされ、その面積は1800。したがって、自由貿易における総余剰は2600となる。

海外と貿易をしなかった場合、消費者余剰は△AEF で1250となり、生産者余剰は△OEF で1250となる。ゆえに、この場合の総余剰は2500となる。よって、海外と貿易をする場合は、貿易をしなかった場合と比べて100だけ大きくなる。これは△CDF の面積に相当する。

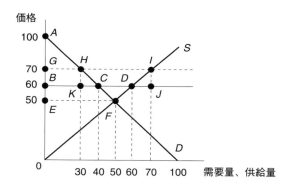

(2) 輸出補助金が10だけかけられた場合、輸出価格が60から、さらに10を加えた70の水準に上昇することになる。これは補助金が出ることによって、生産者の生産に対するインセンティブが高まるからである。このとき、図の GH（ここでは30）が国内の消費者の需要量となり、生産者の供給量は GI（ここでは70）となる。よって、輸出数量は HI であり、ここでは40（＝70−30）となる。消費者余剰は△AGH であり、その面積は450。また、生産者余剰は△OGI であり、その面積は2450。さらに、輸出補助金は、輸出数量40と単位当たりの輸出補助金額10を掛けて400であることがわかる。これは、□HIJK の面積である。したがって、輸出補助金が税金でまかなわれるとすれば、総余剰は、消費者余剰に生産者余剰を足したものから補助金の支払い額（税金）を差し引いた大きさになる。よって、総余剰は2500（＝450＋2450−400）となり、自由貿易の場合（総余剰は OACD をつないだ図形の面積で2600）と比べて100だけ小さくなる。このことから、△HCK と△ IJD を足した面積の大きさが、経済厚生の損失の大きさになることがわかる。

補足

　経済的な規模が小さく、自国の供給量が国際的な価格水準に影響を及ぼすことがない国を小国といいます。これに対して、世界の価格水準を左右しうるほど経済的な規模が大きい国は大国と呼ばれます。

○×問題

1．課税による死荷重（厚生の損失）の大きさは、課税対象者が消費者か生産者かによって異なる。
2．需要の価格弾力性が大きいとき、課税による消費者の負担の割合は大きくなる。
3．課税による厚生の損失は、課税によってインセンティブが歪められてしまうために生じる。
4．平均費用が最小となる点で生産を行う場合、企業の利潤はゼロになってしまうので、企業は退出せざるをえない。

解答

1．×。課税対象者がどちらであっても、死荷重の大きさは同じ。課税による厚生の損失は、消費者や生産者のそれぞれの需要や供給の価格弾力性の大きさによって異なる。需要や供給の価格弾力性が小さければ、厚生の損失は小さくなる。

2．×。消費者の負担の割合は小さくなる。これは、需要の価格弾力性が大きければ、課税したときに消費者の需要量が大きく低下するので、消費者の支払い価格の上昇が小さいものにとどまるため。

3．○。課税によって、消費者は消費することのインセンティブが低下し、生産者は生産することのインセンティブが低下する。双方の利益が低下することから、取引の一部が実現しなくなることによって生じる。

4．×。超過利潤はゼロになるが、正常利潤は獲得しているので、企業は退出しない。正常利潤とは、企業が最低限獲得したいと考えている利潤で、企業が正常利潤を稼いでいる状況では、企業規模を拡大することも縮小することもない状態である。超過利潤は正常利潤を超える利潤をいい、超過利潤があ

ると企業の参入が起こる。

Part 2

一般均衡分析

5
消費者行動の理論
ポイント解説

消費者行動理論の基本は「選択」の理論

　ミクロ経済学では、経済を構成するさまざまな経済主体が合理的な行動をとるということを前提にします。経済主体には、消費者、企業、政府など、さまざまなものが含まれますが、この章で取り上げる消費者の行動原理を理解することは、ミクロ経済学のもっとも重要な基本となります。

　消費者の行動原理を考えるうえでは、2つの要素が鍵となります。1つは、予算制約というもので、消費者がどのような金銭的な制約に縛られているかということを示しています。限られた所得や資源のなかでどのようにやり繰りするのかということが、経済学の考え方の基本にありますが、消費者行動については、これは予算制約という形で表わされます。もう1つの要素は効用という考え方です。これについては以下でもう少し詳しく触れますが、要するに消費者が、個々の財やサービスの消費をどのように評価しているのかという点を表わしたものです。

　経済学の世界での合理的な消費者は、自分が直面した予算制約のなかで、もっとも高い喜び（効用）を得られるような消費の組み合わせを選ぶものと考えられています。これを、予算制約の下での効用最大化と呼びます。限られた予算のなかで消費者がどのようにやり繰りするのか調べることで、消費や需要の規則性を明らかにしようというのです。

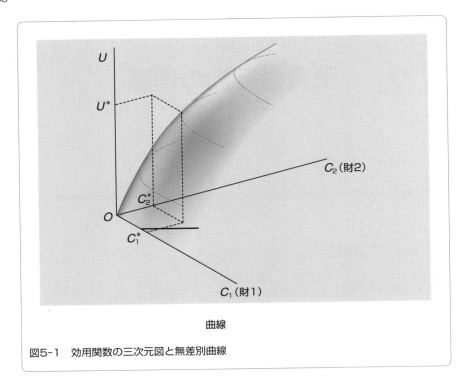

曲線

図5-1　効用関数の三次元図と無差別曲線

無差別曲線のパターンを理解しよう

　効用とは、人々が財やサービスを消費することによって得られる喜びや満足度を表わしたものです。もちろん、人々の喜びというのは非常に曖昧な概念であり、それを簡単な数値で表わすことができるのかどうかという点については、いろいろな議論があります。ただ、理論とは現実のなかにある本質をできるだけ単純な形で提示し、そこから深みのある分析結果を出すことにその意義があります。効用という概念によって、ミクロ経済学は消費行動に関する多くの分析結果を導くことができるのです。

　本書のような入門レベルのテキストでは、効用という概念を無差別曲線によって表現するのが通常です。図5-1と図5-2に、効用と無差別曲線の関係を図示してみました。図5-1には2つの財の消費量（C_1とC_2）がとられており、これらの消費量が増えるほど効用（U）が高くなることを読み取ってください。

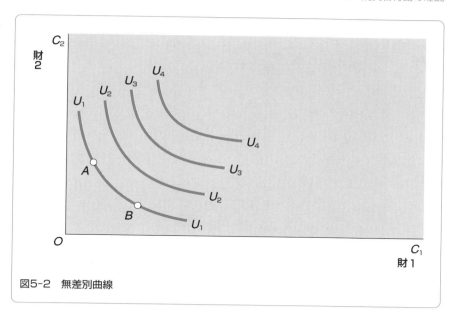

図5-2　無差別曲線

常識的にも、より多くの消費ができれば満足感（効用）が高くなると考えられます。

　図5-2に描かれているのは、図5-1を平面の上に投影した等高線のようなものです。この図に描かれた曲線を<u>無差別曲線</u>と呼びます。等高線と同じように、同一の無差別曲線の上では同じ効用水準となります。特定の無差別曲線上ではさまざまな消費の組み合わせが考えられますが、そのどれも消費者には同じ満足水準を提供します。そこで、「無差別」といういい方が使われます。

　伊藤ミクロでは、無差別曲線の基本的な性質について詳しい説明が与えられています。ここでは詳しい説明をするスペースはありませんが、いくつかの基本的な性質を取り上げると次のようなものがあります（詳しい説明は伊藤ミクロ157〜159ページ）。

① 異なった無差別曲線が交わることはない。
② 右上の無差別曲線に行くほど、効用水準は高くなる。
③ 無差別曲線は通常、右下がりの形状をしている。
④ 無差別曲線は通常、原点に向かって凸の形状をしている。

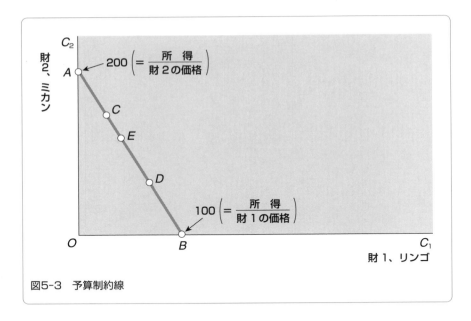

図5-3　予算制約線

③や④に出てくる無差別曲線の傾きは、<u>限界代替率</u>と呼ばれる重要な概念に対応していますが、これは後で詳しく述べます。

予算制約線の上での効用が最大化されるということ

　無差別曲線と並んで消費者理論の核となるのが、<u>予算制約線</u>という概念です。図5-3に代表的な予算制約線が描かれています。この図は、財1が1000円、財2が500円という価格であるとき、10万円という予算制約の下で、2つの財がどれだけ購入できるのかを示したものです。予算に制約がありますので、財1をより多く購入しようとすれば、それだけ購入できる財2は少なくなります。この図を見ながら、予算制約線の意味について考えてください（伊藤ミクロ165～167ページに詳しい説明があります）。ここではごく簡単に整理すると、次の3つの点が確認できると思います。

① 横軸の切片である100という財1の量は、所得10万円をすべて価格1000円の財1に費やしたときに消費可能な財1の量を表わしています。

② 縦軸の切片である200という財2の量は、所得10万円をすべて価格500円の

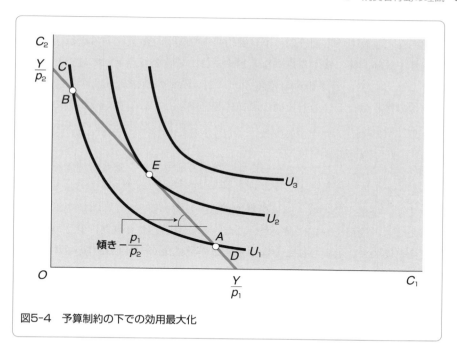

図5-4　予算制約の下での効用最大化

財2に費やしたときに消費可能な財2の量を表わしています。

③ 予算制約線の傾きは、2つの財の価格の比率（これを価格比、あるいは相対価格といいます）である1000/500、つまり2になっています（予算制約線は右下がりですので、実際は2にマイナスを付けた-2になっています）。

　ミクロ経済学では、消費者は与えられた予算制約のなかで、もっとも高い満足度（効用）を得られる消費点を選択すると考えます。図5-4はこれを図で示したものです。この図には、予算制約線と無差別曲線の両方が描かれています。予算制約線の切片や傾きについて、上の説明を見ながら再度確認してください。

　消費者は予算制約線上か、その左下の領域でしか選択することができません。予算制約線よりも右上の領域では、予算をオーバーしてしまうからです。消費者は予算制約線上かそれよりも左下の領域（つまり予算制約を満たす部分）のなかで、効用がもっとも高くなる点を選ぶと考えます。これは図では点 E で表わされています。

　図にも示されているように、予算制約の下で効用を最大化する点は、無差別曲線が予算制約線に接する点になります。ここで重要な点として確認しておくべきこととして、予算制約線の傾きは、2つの財の価格比（相対価格）、無差別曲線の傾きは、2つの財の間の限界代替率を示しているということです。価格比についてはすでに説明しましたので、次に限界代替率について説明しましょう。

　限界代替率はけっしてやさしい概念ではありませんが、消費者理論を理解するための鍵となる概念です。グラフの上では、これは無差別曲線の傾きで表わされます。経済学的には、限界代替率とは、一方の財（財1）の消費を少し増やしたとき、効用を一定に保つためには、それに応じてどれだけ財2の消費を下げられるのか、ということを財1と財2の数量比で表わしたものです。

　なぜこのような考え方を導入するのかということについては、いろいろな理由があります。入門書であるこの本でこの点について詳しい説明をすることはできませんが、次の点を指摘しておきましょう。経済学的には、財1の消費からの喜びを表現することが重要になってきますが、喜び（あるいは効用）というような抽象的な概念を数量的にとらえることは容易ではありません。そこで、財1の消費を増やせるなら、財2の消費をどれだけ減らしてもよいのかという形で、財1の消費の喜びを示すのです。例えば、リンゴの消費を1個増やせるなら、ミカンの消費を5個減らしてもよいと思う人（限界代替率は5）と、ミカンの消費を2個減らしてもよいと思う人（限界代替率は2）を比べれば、前者のほうが、ミカンを基準として、相対的にリンゴをより高く評価していると考えられるのです。限界代替率とは、それぞれの消費者にとっての、心理的な意味での2つの財の交換比率のことなのです。

　いま説明した限界代替率の定義を、無差別曲線の形状を見ながら確認してください。無差別曲線の上では効用は一定です。この曲線上を右下に少し移動しても効用は変化しませんが、財1の消費量は増えており、財2の消費量は減っています。無差別曲線の傾きはこの2つの量の比率を表わしているわけです。

　すでに述べたように、無差別曲線は通常、右下がりの形状をしています。これは、一方の財の消費量を増やしたとき、効用を一定に保つうえで、他方の財の消費量を減らすことができるということを示しています。

　また、無差別曲線は通常、原点に向かって凸の形状をしていますが、これは

　1つの無差別曲線にそって右下方向へ移動していくほど、無差別曲線の傾き（つまり限界代替率）がよりなだらかになるということを意味します。財1の消費量が増える（そして財2の消費量が減る）ほど、財1のありがたみが相対的に低下して、限界代替率の値が小さくなっていくことを表わしています。これを<u>限界代替率逓減の法則</u>といいます。

　図5-4の効用最大化の点 E で、予算制約線と無差別曲線が接しているということは、限界代替率と価格比が等しくなっているということを意味します。ここで価格比は、一方の財の消費量を増やしたとき、予算制約を守るためには、もう一方の財の消費量をどれだけ減らさなければならないのかを表わしています。これは市場での2つの財の交換比率ということもできます。効用を最大化する点では、市場を通じた交換比率である価格比が、消費者の心理的な意味での交換比率である限界代替率に等しくなっていなくてはいけません。

5
消費者行動の理論
練習問題

確認問題

　次の問いのア〜カの空欄に適切な数字、あるいは言葉をあてはめなさい。また、①と②については正しいものを選びなさい。

1．2つの財の消費量の組み合わせによる効用水準が同一であれば、同一の（　ア　）曲線上にのっていることになる。

2．無差別曲線の傾きは、2つの財の間の（　イ　）率を示している。財1をより強く選好する消費者ほど、財1の消費量の減少を補うのに必要な財2の消費量は（①　大きく・小さく）なる。そしてその場合、無差別曲線の傾きは、（②　急・ゆるやか）になる。

3．予算制約線の傾きは、2つの財の（　ウ　）の比率にマイナスを付けたものになる。例えば、財1の価格が1000円、財2の価格が500円とすると、横軸に財1の消費量を、縦軸に財2の消費量をとったグラフの予算制約線の傾きは、（　エ　）になる。

4．一般的には、原点に対して凸の形状をした右下がりの無差別曲線と（　オ　）線が接する点で、効用が最大化される。

5．効用が最大化されている点では、無差別曲線の傾きの（　カ　）率と、予算制約線の傾きである価格比が等しくなっている。

解答

ア．無差別　　イ．限界代替　　ウ．価格　　エ．－2　　オ．予算制約

カ．限界代替　　①大きく　　②急

例題 1

　いま、所得が30万円であり、財 1 の価格が2000円、財 2 の価格が1000円であったとします。このとき、以下の問いに答えなさい。ただし、この 2 財以外の財は考えなくてもよいとします。

(1)　予算制約線はどう描けるでしょうか。

(2)　財 2 の価格や所得はそのままで、財 1 の価格のみが変化し、それが1000円になった場合には、予算制約線はどう変化するでしょうか。逆に、財 1 の価格や所得がそのままで、財 2 の価格が500円になった場合には、予算制約線はどう変化するでしょうか。

(3)　2 つの財の価格がそのままで、所得だけが変化し、50万円に増えた場合には、予算制約線はどう変化するでしょうか。

(4)　2 つの財の価格も所得もすべて10%上昇した場合には、予算制約線はどう変化するでしょうか。

解答

(1)　財 1 の消費量を C_1 とおき、財 2 の消費量を C_2 とおく。このとき、財 1 への支出額は $2000C_1$ となり、財 2 への支出額は $1000C_2$ となる。2 財の消費額を所得の30万円でまかなうので、予算制約線は $2000C_1 + 1000C_2 = 300000$、すなわち $2C_1 + C_2 = 300$ となる。この予算制約線は次の図のように描ける。

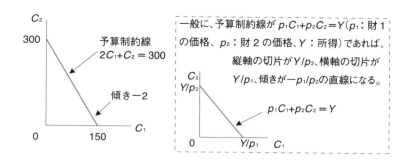

一般に、予算制約線が $p_1C_1 + p_2C_2 = Y$（p_1：財 1 の価格、p_2：財 2 の価格、Y：所得）であれば、縦軸の切片が Y/p_2、横軸の切片が Y/p_1、傾きが $-p_1/p_2$ の直線になる。

(2)　所得が30万円で、財 1 の価格が1000円、財 2 の価格が1000円の場合、予算制約線は $1000C_1 + 1000C_2 = 300000$、すなわち $C_1 + C_2 = 300$ となる。これ

は、下の図の点線で表わされた直線のように、もともとの予算制約線との関係からいうと、縦軸の切片は固定したままで、直線の傾きが緩やかになっている。一方、所得が30万円で、財1の価格が2000円、財2の価格が500円の場合、予算制約線は $2000C_1 + 500C_2 = 300000$、すなわち $4C_1 + C_2 = 600$ となる。これは、下の図の一点鎖線で表わされた直線のように、もともとの予算制約線との関係からいうと、横軸の切片は固定したままで、直線の傾きが急になる。

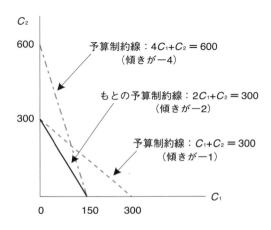

(3) 所得変化後の予算制約線は、$2000C_1 + 1000C_2 = 500000$、すなわち $2C_1 + C_2 = 500$ となり、次の図の点線で表わされた直線のようになる。

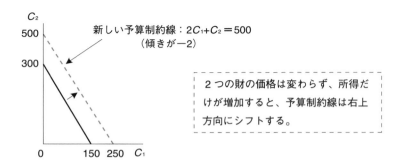

2つの財の価格は変わらず、所得だけが増加すると、予算制約線は右上方向にシフトする。

(4) 2つの財の価格も所得もすべてが同じ割合で変化した場合には、予算制約線は変化しない。すべてが10％上昇すると、財1の価格は2200円、財2の価格は1100円、所得は33万円となる。したがって、予算制約線は $2200C_1 + 1100C_2 = 330000$、すなわち $2C_1 + C_2 = 300$ となる。

例題 2

農産物を売って生活している農家を考えます。財1を農産物、財2をその他の財とします。いま、この農家が収穫した農産物が500単位であったとします。このとき、財1（農産物）の市場価格が4、財2（その他の財）の市場価格が10であった場合、この農家の直面する予算制約線はどう描けるでしょうか。

解答

財1の消費量を C_1、財2の消費量を C_2 とおく。この農家の所得は、農産物の収穫量から、自分で消費する農産物の量を差し引いた残りの量を市場で売ったときの金額になるので、$4 \times (500 - C_1)$ となる。この所得で、その他の財を購入するということになるため、予算制約線は、$10C_2 = 4(500 - C_1)$、すなわち、$4C_1 + 10C_2 = 2000$ となる。これをグラフに描くと、縦軸切片が200、横軸切片が500で、傾きが $-2/5$ の直線となる。

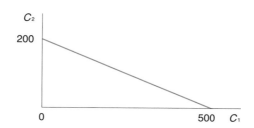

例題 3

リンゴとグレープフルーツを購入した場合を考えます。リンゴの価格は1つ100円であり、グレープフルーツの価格は1つ200円だとします。所得が2000円であり、リンゴとグレープフルーツをともに何単位か購入し、所

得のすべてをこの2財の購入に向けたことがわかっています。このとき、効用を最大化したときのリンゴとグレープフルーツの間の限界代替率はいくつでしょうか。ただし、無差別曲線は、原点に対して凸でなだらかな曲線であるとします。

解答

効用を最大化している組み合わせでは、限界代替率と2財の価格比は一致する。したがって、限界代替率はリンゴとグレープフルーツの価格比に等しくなるので0.5（＝100円/200円）となる。

○×問題

1. 効用とは、消費者が財を消費することによって得られる満足度のことである。
2. 無差別曲線は、同じ満足度をもたらすさまざまな財の組み合わせである。
3. 横軸に財1をとり、縦軸に財2をとったときに、2つの財の間の限界代替率が大きい場合、この消費者は財2をより高く評価していることになる。
4. 予算制約線の傾きは、所得の大きさに依存する。
5. 財の価格は変化せずに所得が減少した場合、予算制約線には影響を与えない。

解答

1. ○。
2. ○。
3. ×。限界代替率が大きいとき、財1を減らして同じ効用水準でいるためには、多くの財2が必要となる。したがって、財1をより高く評価していることになる。
4. ×。予算制約線の傾きは財の価格比（相対価格）になるので、所得の大きさとは無関係。
5. ×。価格が不変でも所得が減少した場合、予算制約線は原点に向かって平行移動することになる。

6
消費者行動理論の展開
ポイント解説

所得の増加によって消費（需要）はどのように増えていくのか

　この章では、前章で学んだ消費者理論をいろいろな問題に応用します。ここではまず、所得の変化が消費にどのように影響を及ぼすのか確認します。図6−1に示されているように、所得が増加すれば予算制約線は<u>右上方にシフト</u>します。その結果、消費は拡大することになりますが、所得の増加によってすべての消費が増えるとは限りません。

- 所得が増えると、消費がかえって減るような財があります。これを<u>下級財（劣等財）</u>と呼びます。貧乏学生が通う学生街の安い食堂の料理などはこの例かもしれません。しかし、多くの財については所得が増えれば消費も増えるはずです。こうした通常の財は、<u>上級財（正常財）</u>と呼びます。
- 上級財のなかでも、所得の増加によって消費が大幅に増える財と、消費がそれほど増えない財があります。前者を<u>奢侈品</u>（ぜいたく品）、後者を<u>必需品</u>と呼びます。必需品の場合には所得にかかわらず一定の消費が必要となりますので、所得が増えても消費がそれほど増えません。逆に所得が減っても消費がそれほど減らないことになります。

　必需品と奢侈品は、<u>需要の所得弾力性</u>という概念で分類することができます。需要の所得弾力性とは、所得が１％増えたときに、消費量（需要量）が何％増えたかを表わしています。需要の所得弾力性が１より大きいときは、所得の伸び率よりも需要量の伸び率が大きくなっています。これは奢侈品のケースです。

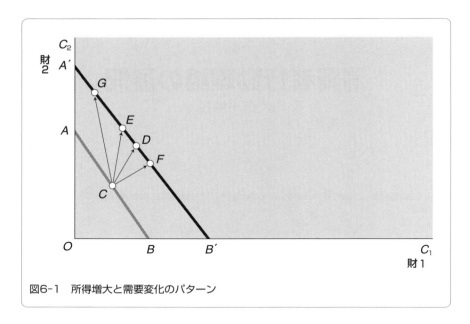

図6-1　所得増大と需要変化のパターン

これに対して必需品の場合は、需要の所得弾力性が0と1の間になります。つまり、所得の伸び率に比べて需要量の伸び率のほうが小さいのです。下級財の場合は、需要の所得弾力性はマイナスの数値になります。

価格変化は消費（需要）をどう変えるか──代替効果と所得効果

次に価格が変化したとき、消費量（需要量）がどう変わるのか考えましょう。図6-2は、価格が変化したとき（図では価格が低下したケースのみが示してある）、予算制約線がどのように動くのか例示したものです。両方の財の価格が下がったケースが①のケースで、この場合は予算制約線が平行にシフトします。すべての価格が同じ率だけ下がったため、相対価格（2つの財の価格比）は変化しませんので、予算制約線は同じ傾きです。ただ、一定の所得の下で価格が下がっていますので、実際に消費できる財の量は増えており、これは予算制約線の右上へのシフトという形で表われています。価格低下は所得の実質的な増加を意味するということを理解する必要があります。もし両方の財ともに上級財であれば、この場合には消費量（需要量）は両方とも拡大します。

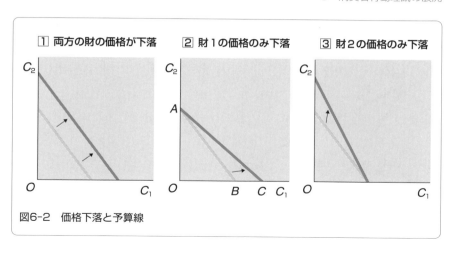

図6-2 価格下落と予算線

　一方の価格だけが変化するときには、予算制約線の傾きが変わります。これが相対価格の変化であり、この変化が後の分析で重要な意味を持ちます。ミクロ経済学では相対価格という概念が頻繁に利用されます。相対価格は2つの財の価格比のことですが、これはどの財の価格が相対的に高いのか、低いのかを考えるうえで重要な概念です。相対価格については後でまた何度か触れることになります。図6-2の②は財1の価格のみが下落したケース、③は財2の価格のみが下落した場合を示しています。②のケースで説明しますが、③も同じように考えることができます。②のケースでは、財1の価格が下がることで、予算制約線の傾きがよりなだらかになっています。つまり、財1の相対価格が下がった結果、財1が相対的に多く購入できるようになっているのです。

　この点をより詳しく分析するための概念が、図6-3に示した、代替効果と所得効果というものです。図にも示されているように、特定の財（この場合には財1）の価格が下がるということは、2つの動きを含んでいます。1つは、財1の価格が他の財（ここでは財2）に対して相対的に安くなるということです。これは、図では予算制約線の傾きがなだらかになるということで示されており、別の言い方をすれば財1の相対価格が下がることを意味します。財1が相対的に安くなったので、需要量の一部は財2から財1へシフトします。これが図で代替効果として示されています。

　財1の価格が下がったことは、さらに、この消費者の実質的な所得が高くなったことも意味します。一定の所得の人にとって、どの財であれその価格が安

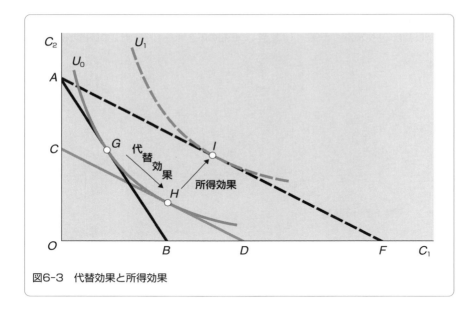

図6-3　代替効果と所得効果

くなることは、そのぶん他の財に振り分ける所得が増えることを意味するからです。図の上では、これは予算制約を満たす領域が外に向かって広がることを意味します。その結果、どの財であれそれが上級財であれば、需要量は増えることになります。これが図に示された所得効果です。

　財1の価格が下がったとき、財1と財2の需要量がどう変化するのかは、上で説明した代替効果と所得効果の組み合わせで決まります。表6-1にこの点が例示されています。価格が下がった財1は、財1が上級財であれば代替効果と所得効果の両方で需要量の拡大が見込まれます。一方、それと競合する財2の場合には、代替効果は需要量を減らす方向に、そして所得効果は、財2が上級財であれば需要量を増やす方向に働きます。結局、財1の価格が下がったとき、財1の需要量は確実に増加しますが、財2の需要量が増えるか減るかは、代替効果と所得効果の相対的な大きさに依存するのです。

　代替効果の大きさは、代替の弾力性の大きさに依存して決まります。代替の弾力性とは、2つの財の間にどれだけの代替性があるのかを示した概念です。図6-4に具体的な例を用いた代替の弾力性の説明がありますので参照してください。そしてより詳しい説明については、伊藤ミクロ（190〜191ページ）を参照してください。

表6-1　財1の価格下落の効果

	所得効果	代替効果
財1の需要	↑	↑
財2の需要	↑	↓

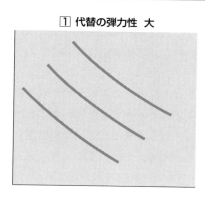
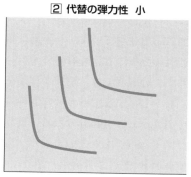

① 代替の弾力性　大　　　② 代替の弾力性　小

図6-4　代替の弾力性

①に該当するものとして、例えばシェルのガソリンと日石のガソリン、キリンビールとアサヒビール、サントリーのウーロン茶と伊藤園のウーロン茶など、②に該当するものとして、日本ソバとラーメン、クラシック音楽とロックミュージック、紺の服と赤の服など。

　伊藤ミクロのなかで主に説明しているような2財のケースでは、2つの財はつねに代替的な関係にあります。所得の制約がありますので、一方の財の消費を増やすためには、他方の財の消費を減らさなくてはいけないからです。しかし、多くの財が存在する世界（教科書で扱われる世界と違って現実には多くの財があります）では、特定の2つの財の間に補完的関係が見られるケースが多くあります。例えば、コーヒーと砂糖、住宅と家具、鉛筆とノート、プリンターとプリント用紙などは、すべて補完的な関係にあります。このような、通常一緒に消費されるような関係にある財は、一方の財の価格が上がるとその財の需要が下がるので、他方の財の需要も下がる関係にあります。このような財を補完財と呼びます。それに対して、コーヒーと紅茶、持ち家と貸家、鉛筆とボールペンなどは、一方の価格の上昇が他方の財の需要量の増大につながるもので、代替財と呼びます。伊藤ミクロ（193ページ）のコラムで書いたように、ビジ

ネスの世界では補完財の関係にある財を探すことが、大きなチャンスを生み出します。

労働供給を消費者理論から分析する

　伊藤ミクロ（196〜202ページ）では、消費者理論の応用例として、労働供給行動について説明してあります。このように消費者理論は現実の経済のいろいろな面に応用されています。労働供給以外にも、第15章で取り上げるように、貯蓄行動の分析などにも有効です。

　これまでの説明では、消費者理論を、2つの財の間の選択として取り扱いました。しかし、ここで財と呼ぶものはサービスであってもかまわないわけですし、そのサービスは自分のために使う時間というような、市場で取引されないサービスであってもかまいません。労働供給の考え方は、このような見方を使います。図6-5に、労働供給を分析するための予算制約線が示されています。横軸にはこの人が自分のために使う時間（これを余暇と呼ぶことにします）、縦軸には余暇を犠牲にして働いた結果稼いだ所得が取られています。1日24時間しかありませんので、余暇をたくさんとれば所得は減りますし、所得を増やすためには余暇を犠牲にしなくてはいけません。余暇を1時間犠牲にして稼げる所得をこの図では賃金（w）と呼んでいます。賃金が余暇と所得の間の相対価格となるのです。図6-5を詳しく見ることで、こういった見方に慣れてください（伊藤ミクロ198〜200ページの説明を参照することをすすめます）。

　労働供給の分析でもっとも大きな関心の対象は、賃金が上昇したとき、労働供給は増えるかどうかということです（詳しい説明は伊藤ミクロ196〜198ページを参照のこと）。鍵となるのは、すでに説明した代替効果と所得効果の関係です。一般に賃金が上がれば、労働時間は増えると考えがちですが、実際はそうでもありません。たしかに、賃金が上がれば余分に働くことで稼げる所得は増えるので、労働時間を増やそうという力が働きます（代替効果）。しかし他方で、賃金が上がれば今までよりも少ない時間働いても、今までと同じかそれ以上の所得を稼げます。だからもっと余暇の時間を増やしたいという人もいるでしょう（所得効果）。結局、賃金が高くなったとき労働時間が増える（余暇の時間が減ることと同じ）かどうかは、代替効果と所得効果のどちらが大きいのかとい

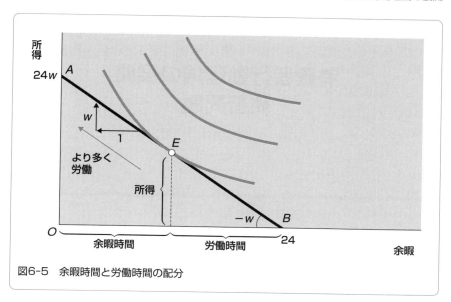

図6-5　余暇時間と労働時間の配分

うことに依存するのです。伊藤ミクロ（194〜195ページ）では、この点を<u>留保需要</u>という概念で説明しています。発展途上国などでは、所得が増えていくと人々が働かなくなるというような現象が見られることがありますが、こうした現象はここで説明したような視点から分析することができます。

　労働供給の分析は、家計行動を分析するうえで重要な視点を提供してくれます。主婦は働きに出るのか、年金制度と退職の時期など、多様な現象がこの分析の応用例として説明できます（伊藤ミクロ201〜203ページのコラムを含めた説明を参照してください）。

6
消費者行動理論の展開
練習問題

確認問題

　次の問いのア〜エの空欄に適切な言葉をあてはめなさい。また、①〜⑩については正しいものを選びなさい。

1．所得の増加の結果、ある財の消費量が増加するとき、その財は（　ア　）財と呼ばれる。

2．所得の増加の結果、ある財の消費量が減少するとき、その財は（　イ　）財と呼ばれる。

3．需要量の変化率を所得の変化率で割ったものを需要の（　ウ　）弾力性と呼ぶ。需要量が所得に対してどれだけ敏感に反応するかを示した数値である。上級財の場合、この弾力性は（①　正・負）の値をとるが、下級財の場合は、（②　正・負）の値をとる。また、必需品の場合は、（③　1よりも大きくなる・0と1の間の大きさになる）が、奢侈品の場合は、（④　1よりも大きくなる・0と1の間の大きさになる）。

4．2つの財（財1と財2）を考える。財1の価格が下がったとき、代替効果によって財1の消費量は（⑤　増加・減少）し、財2の消費量は（⑥　増加・減少）する。また、所得効果については、財1と財2がともに上級財であれば、2つの財の消費量は（⑦　増加・減少）する。したがって、この場合、財1の価格が低下した影響は、代替効果と所得効果を合わせると、財2の消費量は増えるか減るかはわからないが、財1の消費量は必ず（⑧　増加・減少）するといえる。

5．2つの財がまったく代替的でない（代替の弾力性が0）とき、例えば、

　　右足の靴と左足の靴のような場合だと、両方の靴がそろってはじめて価
　　値があるということになるが、その場合、2つの財の無差別曲線は（⑨
　　L字型・直線）になる。
　6．2つの財が完全に代替的ある（代替の弾力性が無限大）とき、例えば、
　　1万円札と1000円札のような場合だと、1000円札10枚は1万円札1枚の
　　価値と同じになるが、その場合、2つの財の無差別曲線は（⑩　L字型・
　　直線）になる。
　7．下級財のなかでもとくに所得効果が強く働く商品のことを（　エ　）
　　財という。つまり、下級財でかつ所得効果が代替効果よりも強く働くよ
　　うな財のことで、価格が低下したときに需要量が減ってしまう財である。

解答
ア．上級（正常）　　　イ．下級（劣等）　　　ウ．所得　　　エ．ギッフェン
①正　　　②負　　　③0と1の間の大きさになる　　　④1よりも大きくなる
⑤増加　　　⑥減少　　　⑦増加　　　⑧増加　　　⑨L字型　　　⑩直線

例題 1

　　所得のすべてを財1と財2の支出にまわす消費者を考えます。その消費
者が直面している予算制約線や無差別曲線が次のページの図のようである
とします。このとき、以下の問いに答えなさい。ただし、財1の消費量を
C_1、財2の消費量をC_2とします。また、図のU_0とU_1は無差別曲線を表
わしているものとします。

(1)　財1の価格が300、財2の価格が150、所得が1500である場合、この消
　　費者が効用を最大化する点はA〜Cのいずれでしょうか。
(2)　財1の価格が150円に下がった場合、財1の代替効果による変化量は
　　いくつになるでしょうか。
(3)　(2)の仮定の下で、財1の所得効果による変化量はいくつになるでしょ
　　うか。
(4)　(2)の仮定の下で、代替効果と所得効果を合わせた財1の全体の効果に
　　よる変化量はいくつになるでしょうか。
(5)　一般に、財1の価格の低下によって財1の需要量が減少することはあ

りうるでしょうか。

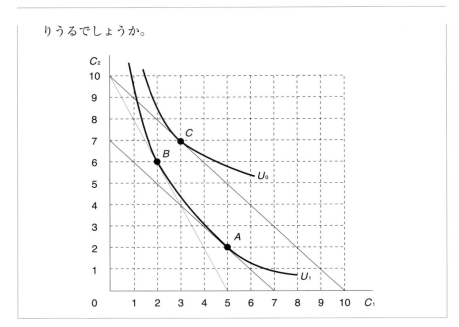

解答

(1) この消費者が直面する予算制約線は、$300C_1 + 150C_2 = 1500$、すなわち $2C_1 + C_2 = 10$ となる。効用を最大化する点は、この赤色の直線に接する点なので、図の点 B になる。

(2) 財 1 の価格が150円に低下した場合、財 1 と財 2 の価格比は 2（＝ 300/150）から 1（＝ 150/150）になる。代替効果は、相対価格の変化による需要量の増減を表わしたものであり、効用水準を一定に保つように実質的な所得を調整したうえで、需要量がどう変化するかを見たものである。この場合、同じ無差別曲線 U_1 上での変化なので、点 B から点 A への動きが代替効果になる。したがって、財 1 の代替効果は 2 から 5 へ 3 増大することになる。

(3) 所得効果は、価格の変化によって実質所得が変化したことによる需要量の増減を表わしたものである。この場合、点 A から点 C への動きが所得効果になる。したがって、財 1 の所得効果は 5 から 3 へ 2 減少することになる。

(4) 財 1 の価格の変化による全体の効果は、点 B から点 C への動きになる。したがって、財 1 の全体の効果は 2 から 3 へ 1 増大ということになる（またこれは代替効果と所得効果の両方を合わせた効果にもなっている）。

(5) ありうる。2財の場合、代替効果はつねにプラス（その財の価格が低下すると、その財の需要量はつねに増大する）になる。しかし、代替効果以上に所得効果が強くマイナスに働く（実質所得が増大しても需要量が減少する）場合には、価格が低下しても需要量が減少することになる（こうした財をギッフェン財という）。

例題2

労働を供給することで所得を得ている人を考えます。

(1) 縦軸に所得をとり、横軸に余暇をとった場合の予算制約線はどう描けるでしょうか。ただし、所得を Y、1日24時間のうち余暇の時間を l とおき、単位時間当たりの賃金を w とします。

(2) 賃金に t $(0 < t < 1)$ だけの割合で所得税が課されたとき、この人が直面する予算制約線はどのように変化するでしょうか。

(3) (2)のような所得税が課された場合、この人は労働時間を増やすでしょうか、減らすでしょうか。代替効果と所得効果に分けて説明しなさい。ただし、余暇や所得は上級財であるとします。

(4) 〔発展問題〕政府が所得水準に応じて金銭的な補助を行ったとします。補助額 H を $H = a(24w - Y)$（ただし、a は $0 < a < 1$ を満たす定数）として、所得水準が低いほどより多くの補助額が得られるとした場合、労働供給はどうなるでしょうか。

(5) 〔発展問題〕特別な無差別曲線を持つ人を考えます。この人の効用関数は $U = \min(l, Y)$ であるとします。ある一定の余暇時間や所得水準があれば、それを超える余暇時間や所得水準は追加的な効用をもたらさないような人です。このような人の場合、賃金が上昇すると労働時間はどのように変化するでしょうか。

解答

(1) 労働からの所得（Y）は、単位時間当たりの賃金（w）に労働時間を掛けたものになる。労働時間は、1日24時間から余暇の時間を引いた長さになるので、$24 - l$ になる。したがって予算制約線は、$Y = w(24 - l)$ と書くことができ、次のページの図のように描ける。

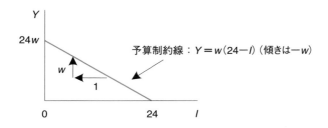

(2) 賃金に t の割合で税金が課された場合、課税後の単位時間当たりの賃金は、$(1-t)w$ となる。したがって、新たな予算制約線は $Y=(1-t)w(24-l)$ と書ける。これは、横軸切片を中心にして反時計回りにシフトした直線になる。

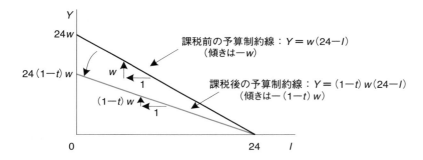

(3) 労働時間がどう変化するかは、代替効果と所得効果の大きさに依存する。代替効果は労働時間を減らす方向に働く。これは、単位労働時間当たりの所得が低下することで、労働によって得られる所得の魅力が減少し、余暇の時間が増えるためである。これは、次のページの図の点 A 点から点 B への動きになる。

　一方、所得効果は労働時間を増やす方向に働く。これは、余暇を上級財と想定しているためであり、単位労働時間当たりの所得が低下することによって実質所得が減少するので、今までよりも労働供給を増やすからである。これは図の点 B から点 C への動きになる。代替効果のほうが所得効果よりも大きいときには、労働時間が減少する（余暇時間が増加する）。それに対して、所得効果のほうが代替効果よりも大きいときには、労働時間が増加する（余暇時間が減少する）。

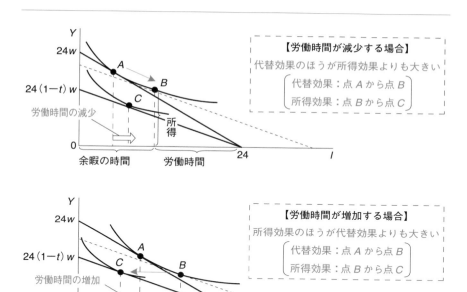

(4) 所得補助の結果、新たな予算制約線は、縦軸の切片を中心にして上方にシフトしたものになる。これは、所得補助額の分だけ所得が上昇するからである。この結果、所得補助前の最適点は下図の点 A となるが、所得補助後の最適点は点 C になる。代替効果は点 A から点 B になり、これは必ず余暇の時間を増やす。また、所得効果は点 B から点 C となり、余暇を上級財と仮定すると、これも必ず余暇の時間を増やす。したがって、所得補助の結果、両方の効果により労働時間は必ず減少することになる。

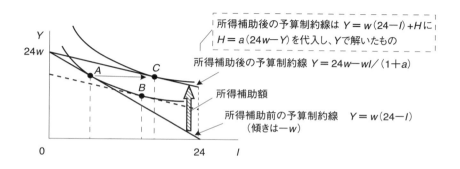

(5) この人の無差別曲線は図のようにL字型になる。賃金が上昇する前の最適点は点 A で、賃金が上昇した後の最適点は点 B になる。この場合、代替効果はまったく働かず、所得効果のみが働く。均衡は点 A から点 B になり、必ず余暇の時間を増やす。したがって、賃金の上昇によって所得効果だけが働き、労働時間は必ず減少することになる。

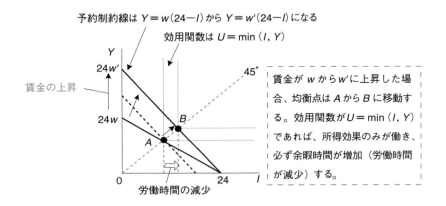

予約制約線は $Y = w(24-l)$ から $Y = w'(24-l)$ になる

効用関数は $U = \min(l, Y)$

賃金がwからw'に上昇した場合、均衡点はAからBに移動する。効用関数が $U = \min(l, Y)$ であれば、所得効果のみが働き、必ず余暇時間が増加（労働時間が減少）する。

例題 3

利子率が上昇すると、貯蓄額はどうなるでしょうか。若年期と老年期の2つの期間しかない場合を想定して説明しなさい。このとき、若年期の所得を Y_0、老年期の所得を Y_1 とし、若年期では老年期のためにいくらかの貯蓄をするものと仮定します。

解答

利子率の上昇によって、貯蓄額は増加する場合も減少する場合もある。これは代替効果と所得効果の大小関係に依存する。この場合、代替効果というのは、利子率が上昇する結果、将来の消費が現在の消費と比べて相対的に安くなるということから生じる効果である。これは、現在の消費をあきらめることで得られる将来の消費が大きくなるということでもある。これによって、利子率の上昇は貯蓄額を増加させることになる。この代替効果は、図の点 A から点 B への動きになる。

　一方、この場合の所得効果というのは、利子率の上昇によって実質的な所得が増加することに伴う効果である。これによって、将来および現在の消費が上級財である限り、両方の消費を増やす方向に働く。この所得効果は、図の点 B から点 C への動きになる。代替効果が所得効果を上回れば貯蓄は増加し、上回らなければ貯蓄は減少することになる。下の左の図は利子率の上昇によって貯蓄が増加するケースであり、右の図は利子率の上昇によって貯蓄が減少するケースになる。

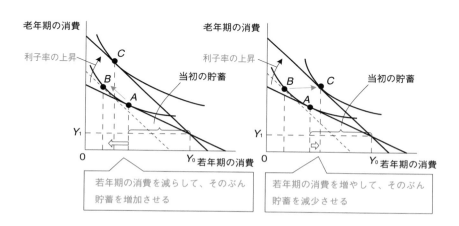

補足

　若年期の消費と所得をそれぞれ C_0、Y_0、老年期の消費と所得をそれぞれ C_1、Y_1 とし、利子率を r、貯蓄を S おくと、予算制約式は、

$$Y_0 - C_0 = S$$　（若年期の予算式…若年期の消費を上回る所得が貯蓄になります）

$$(1+r)S + Y_1 = C_1$$　（老年期の予算式…貯蓄の元利と老年期の所得の合計を消費することができます）

であり、S を消去して、

$$C_0 + \frac{C_1}{1+r} = Y_0 + \frac{Y_1}{1+r}$$

となります。

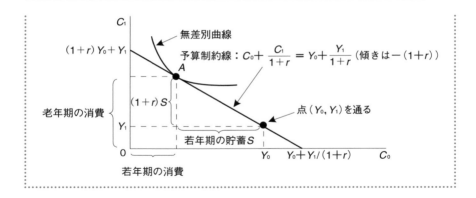

練習問題 1

代替財や補完財について簡単に説明しなさい。

解答

代替財とは、ある財の価格が上昇すると、他方の財の需要量が増大するような関係にある2つの財のことをいう。ある財の価格が上昇することで、その財の需要量はギッフェン財でない限り減少する。この結果、他方の財の需要量が増大するという、代替的な関係にある2つの財ということになる。この例としては、コーヒーと紅茶、鉄道と飛行機などがある。

それに対して補完財とは、ある財の価格が上昇すると、他方の財の需要量が減少する関係にある2つの財のことをいう。ある財の価格が上昇すると、その財の需要量はギッフェン財でない限り減少する。この結果、他方の財の需要量も減少してしまう関係にある2財であり、2つの財を一緒に消費する関係にあるものをいう。この例としては、コーヒーと砂糖、自動車とガソリンなどがある。

練習問題 2

ある財の価格が6のときの需要量が40であったとします。このときの所得は500でした。価格が6のままで所得が700に増加したとき、この財の需要量が60に増えたとします。このとき、この財に対する需要の所得弾力性はいくつになるでしょうか。

解答

　需要の所得弾力性とは、所得が 1 ％上昇したときに、需要が何％変化するか
を表わした数値である。これは、需要量の変化率を所得の変化率で割った値に
なる。需要量の変化率は50％（＝(60－40)/40×100）であり、所得の変化率は
40％（＝(700－500)/500×100）になる。したがって、需要の所得弾力性は1.25
（＝50％ /40％）になる。

練習問題 3（発展問題）

　自分の土地を売って生活費の一部にしている家計を考えます。地価が下
落したとき、このような家計が供給する宅地の量は減るでしょうか、ある
いは増えるでしょうか。代替効果と所得効果を用いて説明しなさい。また、
宅地の保有者に対して、土地の価格や面積に依存しない一定額の税金が課
される場合には、宅地供給量はどうなるでしょうか。ただし、将来の値上
がりないし値崩れを見越しての投機的行動は考えないとします。

解答

　地価が下がれば、代替効果は宅地供給を減少させる方向に働く。土地に比べ
て、他の財が相対的に高くなるので、この家計は土地をあまり供給せずに、他
の財の消費を抑えるからである。一方、所得効果は、宅地供給を増加させる方
向に働く。地価の下落によって、この家計の所得が実質的に減少するので、留
保需要が減少し、宅地供給が増加するからである。この 2 つの相反する効果に
より、地価の下落によって宅地供給が増加するかどうかは、代替効果と所得効
果のどちらが強く働くかということに依存する。

　次のページの左の図は、所得効果よりも代替効果のほうが大きいケースであ
り、右の図は代替効果よりも所得効果のほうが大きいケースである。

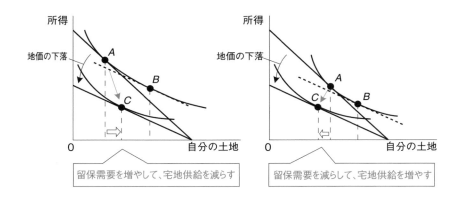

また、一定額の税金が課される場合、この家計の予算制約式が下方に平行移動するので、所得効果しか働かず、宅地供給量は増加することになる。

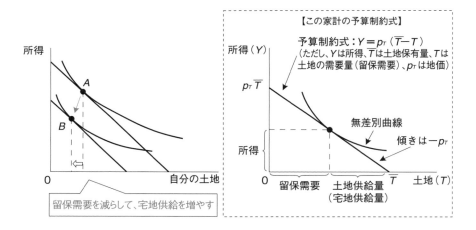

【この家計の予算制約式】

予算制約式：$Y = p_T (\overline{T} - T)$
（ただし、Yは所得、$\overline{T}$は土地保有量、Tは土地の需要量（留保需要）、p_Tは地価）

無差別曲線

傾きは$-p_T$

留保需要　土地供給量
（宅地供給量）

補足

　留保需要とは、ある財の保有者が、その財の一部を市場に放出しないで手元に残しておこうとする需要の大きさをいいます。

○×問題

1. 上級財とは、価格が低下するにつれて需要量が増加するような財をいう。

2. 需要の所得弾力性は、必需品の場合にはマイナスになり、奢侈品の場合にはプラスになる。

3. 需要曲線が右上がりになることはない。

4. 所得のすべてを使って X、Y、Z の3財を消費するケースを考える。X 財が Y 財の補完財であるとする。ここで、Y 財の価格が下がった場合には、X 財が上級財であれば、X 財の需要量は増える場合も減る場合もある。

5. ギッフェン財は、下級財のなかでも代替効果が所得効果よりも強く働く財である。

解答

1. ×。上級財とは、所得が増加するにつれて需要量が増加するような財をいう。

2. ×。需要の所得弾力性は、所得が1％増加したときに需要量が何％増加するかということを表わした数値である。必需品の場合には1よりも小さくなり、奢侈品の場合には1よりも大きくなる。

3. ×。ギッフェン財であれば、需要曲線は右上がりになる。

4. ×。代替効果によって Y 財の需要量は必ず増加する。その結果、X 財の需要量も増加する（Y 財の補完財であるから）。また、X 財は上級財なので、所得効果でも X 財の需要量は増加する。したがって、両方の効果を合わせると、X 財の需要量は必ず増加することになる。

5. ×。下級財のなかでも所得効果が代替効果よりも強く働く財である。

7

生産と費用
ポイント解説

生産関数をマスターしよう

　この章では、生産や費用といった、供給の基礎にある考え方を学びます。まずその第一歩として、図7−1に示したような生産関数の概念を理解するようにしてください。生産関数とは、生産要素の投入と生産物の産出の関係を示したものです。経済学の教科書によく出てくる生産関数は図7−1に描いたような上に向かって凸の形をしたものですが、図7−2に示したように、そのほかにもいろいろなパターンがあります。また、ここでは図に描くために、生産要素は1つだけのケースですが、現実の世界では生産要素はいくつもあります。

　生産要素とは、生産のために投入されるもので、経済学でもっともよく出てくる生産要素は労働、資本、土地などです。企業はこれらの生産要素と原材料を投入して生産物を生み出す存在と考えられます。もう少し上級の経済理論になれば、企業をより多様な形で分析しますが、ここではとりあえず生産関数によって企業活動を分析するという単純なアプローチをとります。

　図7−2には、単純な生産関数の上で3つのケースが例示されています。生産要素の投入を増やしていったとき、生産量はどのような規模で拡大していくのかの違いによって3つに分類されています。初歩的な教科書によく出てくるケースは、ケース3にあるような規模に関して収穫逓減のケース、あるいはケース1にある規模に関して収穫一定のケースです。規模に関して収穫逓減というのは、生産要素の投入を増やしていくと、次第に生産の増加のペースが落ちていくという場合です。一定の農地で肥料や労働の投入を増やしていけば、生

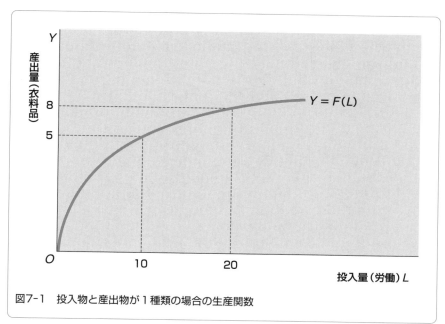

図7-1　投入物と産出物が1種類の場合の生産関数

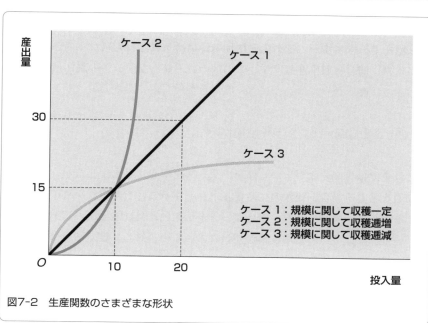

図7-2　生産関数のさまざまな形状

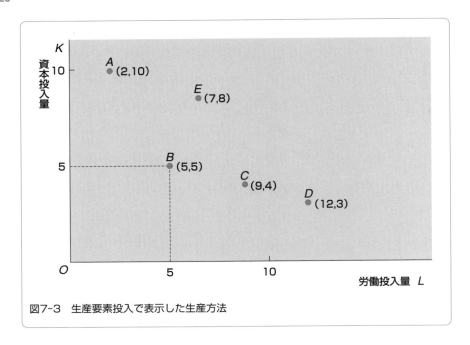

図7-3　生産要素投入で表示した生産方法

産は増えていきますが、その生産増加の量は次第に頭打ちになってきます。これが規模に関して収穫逓減です。この図のいろいろなケースの説明について、詳しくは伊藤ミクロ（212〜214ページ）を参照してください。

生産要素の間の代替から費用最小化について考える

　これまでは生産要素が1つしかないケースを中心に考えましたが、実際の経済問題を考える場合、複数の生産要素が存在することを想定しなくてはいけないことが少なくありません。例えば、先進工業国と発展途上国の工業を比べると、先進国では多くの資本設備が使われているのに対し、途上国では多くの労働者を投入する労働集約的な生産方法がとられています。これは、途上国では賃金が圧倒的に安いので、企業にとっても労働集約的な生産方法をとることが合理的だからです。こうした例に限らず、一般的に資本や労働の投入をどのような比率で行うのかということは、企業にとって非常に重要な問題であるのです。図7-3は、資本と労働という2つの生産要素が利用される場合の、2つ

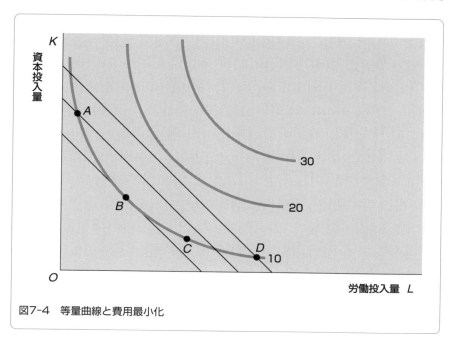

図7-4　等量曲線と費用最小化

の生産要素の間の代替関係を示したものです（伊藤ミクロ216～218ページでは、この図を用いて資本と労働の代替関係について詳しく説明しています）。

　図7-3で示したような関係は、より一般的には図7-4にあるような<u>等量曲線</u>で表わされます。ここにある曲線はそれぞれ、ある一定量の生産を実現するために必要な資本と労働の量を示しています。この曲線が右下がりになっているのは、同じ生産量を実現するうえで資本の量が多ければ、それだけ労働の量は少なくなるからです。この曲線が原点に向かって凸の形状をしているのは、一方の生産要素の投入量を増やしていくのにしたがって、その要素の限界的な生産性が次第に低くなっていく（これを<u>限界生産性逓減</u>といいます）ということを反映しているからです。なお、この等量曲線は、図7-5に描いたような<u>生産関数</u>──つまり、資本と労働の投入量によって生産量が決まるという関係で、この図はそれをグラフに描いたもの──の等高線とも解釈することができます（この点については、伊藤ミクロ221～224ページの説明を参照してください）。

　企業は等量曲線のような関係で与えられた技術のうえで、もっとも費用が小さくなるような生産方法を選択すると考えます。これを<u>費用最小化</u>と呼びます。

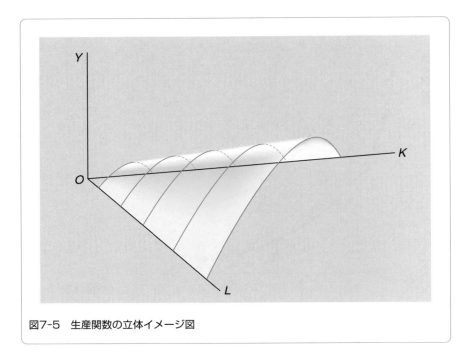

図7-5　生産関数の立体イメージ図

　図7-6は、費用の水準を表わした等費用線と呼ばれるものです。この図と等量曲線を組み合わせて、費用最小化問題を考えるのです。<u>等費用線</u>は図7-6に描いたように右下がりの直線となります。それぞれの直線上では、費用の水準は同じになっており、右上のほうにある等費用線ほど、より高い費用に対応しています。一定の資本の要素価格である資本レンタル費と労働の賃金が与えられていれば、一定の費用の下で利用可能な労働と資本の量の組み合わせが、この等費用線によって表わされるのです。図7-6では、資本レンタル費も労働の賃金もともに10であるときの、さまざまな等費用線が描かれています。

　企業の費用最小化問題は、図7-4に示したような、等量曲線と等費用線の接点で表わされます（図の点 B）。この図では10という生産を可能にする資本と労働の組み合わせ（すなわち10という等量曲線）のうえで、点 B がもっとも低い等費用線に対応していることが読み取れるはずです。

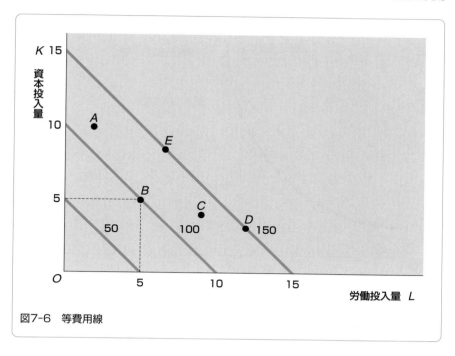

図7-6　等費用線

利潤を最大化するためには価格と限界費用が等しくなる必要がある

　利潤とは、<u>総収入</u>から<u>総費用</u>を引いたものです。総収入は価格に売り上げ数量（供給量）を掛けたものですが、供給量と総収入の関係は図7-7に描いたように、右上がりの直線で表わされます（これを<u>総収入曲線</u>と呼びます）。総費用は図7-7に描いたような右上がりの曲線で表わされます。

　総収入曲線の傾きは、限界収入を表わしています。ここでは完全競争という状況を想定していますので、限界収入は企業が直面している市場価格となり、一定です（この点については第9章「独占の理論」でふたたび触れます）。すなわち、企業は与えられた価格でいくらでも供給できると想定しています。

　<u>総費用曲線</u>の接線の傾きは、限界費用を表わしています。<u>限界費用</u>とは、供給を少し増やしたときに、費用がどれだけ増えるかを表わした数値です。図7-7には利潤最大点（X^*）も図示されています。この図から、総収入曲線の傾きである価格が、総費用曲線の接線の傾きである限界費用に等しくなる点で利潤が最大になっていることを確認してください。

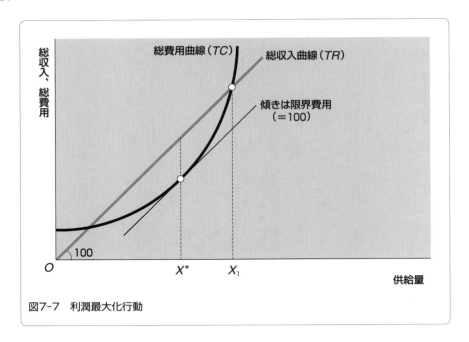

図7-7　利潤最大化行動

7
生産と費用
練習問題

確認問題

　次の問いのア〜コの空欄に適切な言葉をあてはめなさい。また、①と②については正しいものを選びなさい。

1．生産における投入物と生産物の関係を単純な形で表現したものが（　ア　）関数である。投入物を増やしていったときに、生産物の増え方が次第に小さくなっていく場合は、規模に関して収穫（①　一定・逓増・逓減）の生産関数となる。これに対して、投入物を増やしていったときに、生産物の増え方が次第に増えていく場合は、規模に関して収穫（②　一定・逓増・逓減）の生産関数となり、規模の経済性が働くケースとなる。

2．労働よりも資本をより多く用いて生産する方法は、（　イ　）集約的、あるいは（　ウ　）節約的な生産方法である。それに対して、資本よりも労働をより多く用いて生産する方法は、（　エ　）集約的、あるいは（　オ　）節約的な生産方法である。

3．投入可能な資本や労働といった生産要素を用いて生産するにあたって、同一の費用水準の生産要素の組み合わせを結んだ直線を（　カ　）線という。

4．投入可能な資本や労働といった生産要素を用いて生産するにあたって、同一の生産水準の生産要素の組み合わせを結んだ線を（　キ　）曲線という。

5．総収入から総費用を引いたものが（　ク　）であり、企業はこれをで

きるだけ大きくするように生産・販売活動を行うというのが、（　ケ　）行動の考え方である。

6．利潤を最大化する生産量では、限界費用と（　コ　）が等しくなっている。

解答

ア．生産　　イ．資本　　ウ．労働　　エ．労働　　オ．資本　　カ．等費用
キ．等量　　ク．利潤　　ケ．利潤最大化　　コ．限界収入　　①逓減
②逓増

例題 1

　下の図は、ある財をプライス・テイカーとして供給しているある企業の総収入曲線、および長期の総費用曲線を描いたものです。また、点 C における接線の傾きは総収入曲線の傾きに等しくなっています。このとき、以下の問いに答えなさい。

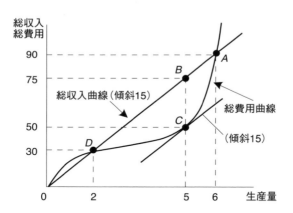

(1)　この企業にとっての限界収入曲線、平均収入曲線のグラフはどう描けるでしょうか。

(2)　この企業が 6 を超えて生産を行った場合、利潤はどうなるでしょうか。

(3)　この企業が利潤を最大化したときの生産量はいくつでしょうか。また、そのときの利潤の大きさはいくつになるでしょうか。

(4) 利潤を最大化しているときの生産量では、限界収入と限界費用の値は
等しくなるといわれますが、これはどのような理由によるものなのか、
簡単に説明しなさい。

解答

(1) 限界収入曲線および平均収入曲線は下の図のようになる。

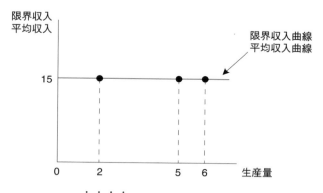

限界収入は、1単位追加的に生産量を増加させたときの収入になるので、
総収入曲線の傾きに等しくなる。したがって、限界収入曲線は、15で水平な
直線となる。また、平均収入は、1単位当たりの収入になるので、総収入を
生産量で割った値になる。これは、原点と総収入曲線上の点とを結んだ直線
の傾きに等しくなり、平均収入曲線もまた15で水平な直線となる。

補足

企業がプライス・テイカーであれば、限界収入の大きさは価格に等しい
水平線となります。

(2) 生産量が6を超える場合、企業の利潤はマイナスになる。利潤は総収入か
ら総費用を差し引いた大きさであり、6を超えた範囲では総費用が総収入を
上回ってしまうからである。

(3) この企業が利潤を最大化したときの生産量は、限界収入と限界費用が一致
したときの生産量である。限界費用の大きさは、1単位追加的に生産量を増
加させたときの費用であり、総費用曲線の傾きになる。点 C における接線
の傾きは総収入曲線の傾きに等しくなっているので、利潤を最大化したとき

の生産量は5になる。また、このときの利潤は、総収入の75から総費用の50を差し引いた25になる。

(4) これは、1単位追加的に生産量を増加させたほうが利潤が大きくなるのか、それとも減少させたほうが利潤が大きくなるのか、といった決定を行う場合、限界的なところで考える必要があるからである。限界収入のほうが限界費用よりも大きいならば、生産量を増やすことによる収入の増加のほうが、費用の増加よりも大きくなる。逆に、限界費用のほうが限界収入よりも大きければ、生産量を減らすことで利潤を増加させることができる。したがって、限界収入と限界費用の値が等しくなる生産量において、利潤は最大化されていることになる。企業がプライス・テイカーの立場にある場合、限界収入は市場価格に等しいので、限界費用が市場価格に等しくなるところまで供給することになる。

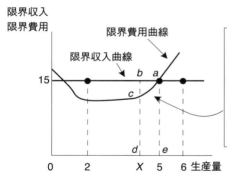

かりに、限界収入が限界費用を上回っている左図のXから5まで生産量を増加させた場合、追加的な収入は□abdeの面積になるのに対して、追加的な費用は acde の面積になる。したがって、追加的な生産を行うことで、abc の面積だけ利潤が得られることになる。逆に、限界費用が限界収入を上回るときには、供給量を下げることで利潤を増加させることができる。

例題2

　　資本と労働の2つの生産要素を用いて財を生産している企業を考えます。この企業の生産関数が $Y = KL$ で示されていて、この財をプライス・テイカーとして供給しているとします。ただし、Y は生産量、K は資本投入量、L は労働投入量であるとします。このとき、次の問いに答えなさい。

(1) この生産関数の等量曲線はどう描けるでしょうか。縦軸に資本の投入量をとり、横軸に労働の投入量をとってグラフを描きなさい。

(2) 資本の要素価格が2、労働の要素価格が4であるとする。この企業に

とっての等費用線はどう描けるでしょうか。縦軸に資本の投入量をとり、横軸に労働の投入量をとってグラフを描きなさい。

解答

(1) 等量曲線は、生産量をある一定の水準に固定したときの生産要素の組み合わせを描いたものである。生産関数は $Y = KL$ なので、下の図のように原点に向かって凸の反比例の曲線として描ける。

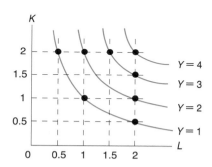

(2) 等費用線は、総費用が一定となる生産要素の組み合わせを描いたものである。総費用 C は、資本の要素価格が 2、労働の要素価格が 4 であるから、$C = 2K + 4L$ となる。したがって、等費用線は下の図のように描ける。

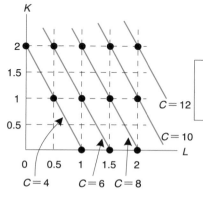

総費用 $C = rK + wL$ なので、等費用線の傾きは $-w/r$ になる（ただし、r は資本の要素価格、w は労働の要素価格）

練習問題 1

　次の図には点 A ～ E の 5 つの生産点が表わされています。これについて以下の問いに答えなさい。

(1) もっとも資本集約的な生産要素の組み合わせはどの点でしょうか。

(2) もっとも労働集約的な生産要素の組み合わせはどの点でしょうか。

(3) 賃金が 5 で資本レンタル費が20のとき、5 つの生産点の費用水準はそれぞれいくつになるでしょうか。また、もっとも低い費用水準はどの点になるでしょうか。

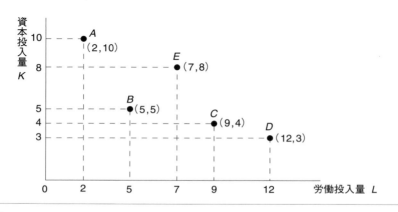

解答

(1) 相対的に資本を多く投入している生産方法を、資本集約的生産という。この場合、労働投入量 1 単位当たりの資本投入の大きさは点 A が 5 （＝ $10 \div 2$）、点 B が 1 （＝ $5 \div 5$）、点 C が約0.44 （＝ $4 \div 9$）、点 D が0.25 （＝ $3 \div 12$）、点 E が約1.14 （＝ $8 \div 7$）となるので、もっとも大きい点、すなわちもっとも資本集約的な点は点 A になる。逆に、もっとも小さい値である点 D は、もっとも労働集約的であることになる。

(2) 相対的に労働を多く投入している生産方法を、労働集約的生産という。(1)の説明より、もっとも労働集約的な点は点 D となる。

(3) 賃金を w、資本レンタル費を r、労働の投入量を L、資本の投入量を K とすると、生産のための費用 C は、

$$C = wL + rK$$

と表わせる。$w = 5$、$r = 20$ なので、それぞれの点における費用水準は、

点 A での費用水準：$C = 5 \times 2 + 20 \times 10 = 210$

点 B での費用水準：$C = 5 \times 5 + 20 \times 5 = 125$

点 C での費用水準：$C = 5 \times 9 + 20 \times 4 = 125$

点 D での費用水準：$C = 5 \times 12 + 20 \times 3 = 120$

点 E での費用水準：$C = 5 \times 7 + 20 \times 8 = 195$

となる。また、これによりもっとも低い費用水準は点 D であることがわかる。

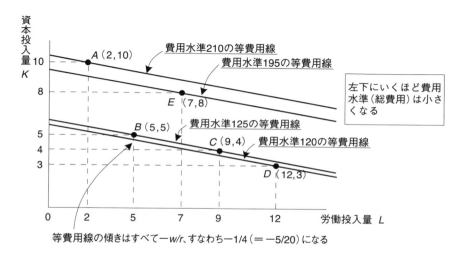

練習問題 2　(発展問題)

　耐用年数10年で価格1000万円の機械を金利10%の融資資金で購入したときの、1カ月当たりの資本のレンタル費はいくらになりますか。

解答

　1カ月当たりの資本のレンタル費を a 円とする。単純に計算した場合、1年間では $12a$ 円となり、資本を10年間レンタルした場合の割引現在価値は、

$$\left(\frac{12a}{1+R} + \frac{12a}{(1+R)^2} + \cdots + \frac{12a}{(1+R)^{10}} \right) \text{円}$$

となる。ただし、R は年利で、ここでは0.1である。

一方、機械を購入した場合には、1000万円ということなので、均衡では、

$$\left(\frac{12a}{1+R}+\frac{12a}{(1+R)^2}+\cdots+\frac{12a}{(1+R)^{10}}\right)=1000万円$$

が成り立つ。これに $R=0.1$ を代入すると、

$$a=\frac{1000\times R}{12\left(1-\frac{1}{(1+R)^{10}}\right)}=\frac{1000\times0.1}{12\left(1-\frac{1}{1.1^{10}}\right)}\approx13.56万円$$

となる。したがって、1カ月当たりの資本のレンタル費は約13万6000円ということになる。

○×問題

1．企業の行動は、総収入を最大化することを目的としている。
2．原点に近い等費用線ほど、総費用の値は大きくなる。
3．費用を最小化する点における生産要素の組み合わせは、どの組み合わせでもつねに利潤を最大化している。
4．原点に近い等量曲線ほど、生産量の大きさは小さくなる。
5．等量曲線が原点に向かって凸であるのは、規模に関して収穫が逓減しているからである。

解答

1．×。企業は、総収入から総費用を引いた大きさである利潤を最大化するように行動している。
2．×。原点に近い等費用線ほど、総費用は小さくなる。
3．×。企業が利潤を最大化しているときには、その生産量の下では費用を最小にする生産要素の組み合わせが用いられている。しかし、費用を最小にする点における生産要素の組み合わせは、必ずしもすべてが利潤を最大化しているわけではない（補足の図参照）。
4．○。
5．×。等量曲線が原点に向かって凸であるのは、2つの生産要素間の限界代替率が逓減していくからである。規模に関して収穫が逓減するというのは、等量曲線の間隔がしだいに広くなっていくことで表わされる。

補足

　　利潤平面 Π は、$\pi = pY - C$ かつ $C = rK + wL$ より、

$$Y = \frac{r}{p}K + \frac{w}{p}L + \frac{\pi}{p}$$

と表わされます。縦軸上の切片は π/p なので、この平面が上に行くほど、利潤 π は大きくなります。

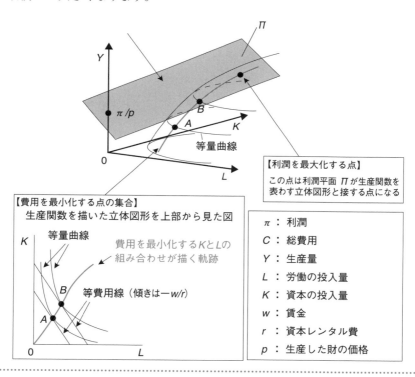

【利潤を最大化する点】
この点は利潤平面 Π が生産関数を表わす立体図形と接する点になる

【費用を最小化する点の集合】
生産関数を描いた立体図形を上部から見た図

K　等量曲線
費用を最小化する K と L の組み合わせが描く軌跡
B
等費用線（傾きは $-w/r$）
A
0　　　　　　　L

π	：	利潤
C	：	総費用
Y	：	生産量
L	：	労働の投入量
K	：	資本の投入量
w	：	賃金
r	：	資本レンタル費
p	：	生産した財の価格

8
一般均衡と資源配分
ポイント解説

ボックス・ダイアグラムを理解する

　この章では、交換（市場取引）がもたらす資源配分の効率性について学びます。その第一歩として、異なった選好を持った2人の間で交換が行われることの利益を理解する必要があります。図8-1は、リンゴしか持っていない太郎と、ミカンしか持っていない花子の間で交換が行われれば両者が得をする状況が描いてあります（詳しくは伊藤ミクロ241〜242ページの説明を参照）。

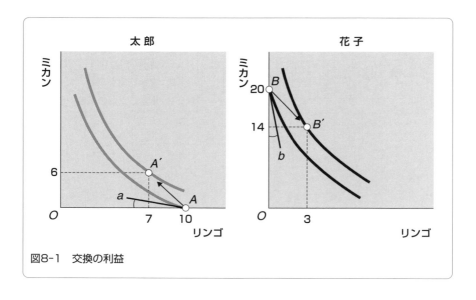

図8-1　交換の利益

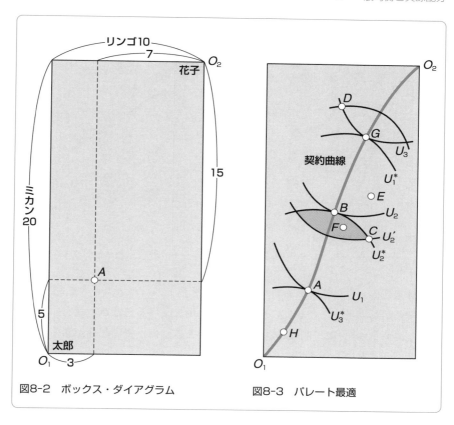

図8-2 ボックス・ダイアグラム   図8-3 パレート最適

　いま説明したような交換状況をより一般的に描いたのが、図8-2と図8-3
に描いたような<u>ボックス・ダイアグラム</u>の考え方です。ボックス・ダイアグラ
ムとは、ごく簡単にいえば、2人の消費者の間に2つの財がどのように分配さ
れるかを表わしたものです（伊藤ミクロ246～249ページでは、この図を使って詳
しく説明していますので、しっかりと理解するようにしてください）。

　ボックス・ダイアグラムのなかに、2人の消費者の無差別曲線が描かれてい
ます。この2人の消費者の無差別曲線の関係が重要で、とくに注目してほしい
のは、無差別曲線が接している点です。図8-3の赤い曲線がこれを表わして
おり、これを<u>契約曲線</u>と呼びます。契約曲線の上では両者の無差別曲線は接し
ており、ここからどの方向へ動いても、どちらか1人の効用水準は下がります。
このように、これ以上2人の効用を増やすことができないような状況にあると
き、これを<u>パレート最適</u>な状態といいます。パレート最適な資源配分とは、資

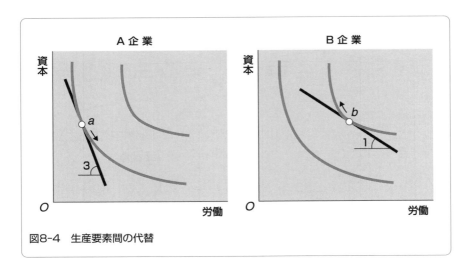

図8-4　生産要素間の代替

源配分をどのように変えても（つまり2人の間での2財の配分を変えても）、どちらかの効用を下げることなしにもう1人の効用を上げることができない状態を表わしています。パレート最適な状態にないときには、資源配分が効率的ではないということになります。

生産活動の資源配分でもボックス・ダイアグラムが描ける

　ここまでは、単純な交換を想定し、ボックス・ダイアグラムという考え方を用いて資源配分について考察しましたが、ここでは同じような手法で生産面での資源配分について考えます。

　ここで生産面での資源配分と呼ぶのは、資本や労働などの生産要素がいろいろな産業にどのように配分されるのかということです。ここでは単純に、資本と労働という2つの生産要素と2つの企業があるケースで説明しています。

　前章で説明したように、資本と労働の代替関係が等量曲線によって表わされます。図8-4は、AとBという2つの企業の資本と労働の投入の状況を、それぞれの等量曲線上で示したものです。この図にはA企業のほうが資本の過剰投入、B企業のほうが労働の過剰投入になっている状況を示してあります。伊藤ミクロ（250～251ページ）の説明を参考にしてこの点を確認してほしいのですが、それぞれの生産点（図の点aと点b）における等量曲線の接線の傾きが

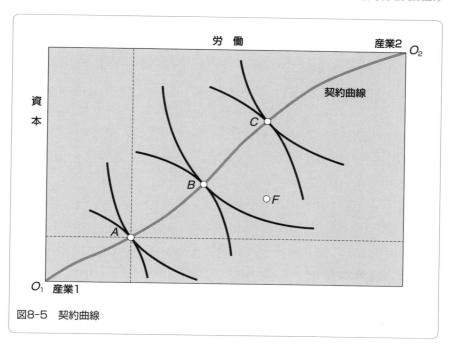

図8-5　契約曲線

　鍵になっています。この図にあるように、2つの企業の生産点における等量曲線の接線の傾きが異なるような状況にあるとき、生産要素において効率的な配分がなされているとはいえません。図の場合、A企業が労働投入を増やし資本投入を減らす、そしてB企業が資本投入を増やして労働投入を減らせば、全体としての生産量を変えることなく、資本と労働の投入量が節約できるからです。この点を図の上で確認してください。

　図8-5は、生産におけるボックス・ダイアグラムを表わしています。基本的な考え方は消費の場合のボックス・ダイアグラムと同じですが、こちらでは縦軸と横軸に利用可能な資本と労働の量がとってあります。2つの産業の間にこの2つの生産要素がどのように配分されるのかを示したのがボックス・ダイアグラムです。この図についての詳しい説明は、伊藤ミクロ（251〜254ページ）の説明を参照してほしいのですが、とくに重要なのは2つの産業の等量曲線の接点を結んだ線で、図に赤で示されている契約曲線です。この契約曲線上の配分が、両産業の間で効率的に生産要素が配分された状況を表わしています。

　このような効率的な生産を実現する契約曲線上の点を、両産業の生産量のう

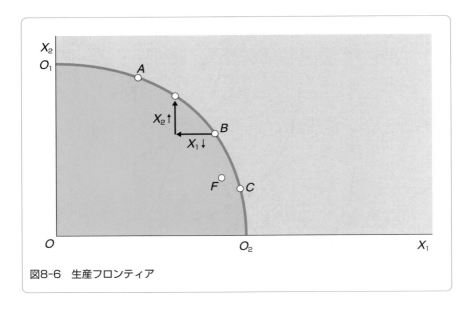

図8-6　生産フロンティア

えで見ると、図8-6に示したような<u>生産フロンティア</u>が描けます。一方の生産が増えれば他方の生産が減るという、トレードオフの関係が描かれています。なお、図8-5のボックス・ダイアグラム上で契約曲線の上に乗らないような資源配分、つまり資源配分が効率的に行われていない状況では、生産点は図8-6の生産フロンティアの内側にあることになります。

　生産フロンティアの傾きを<u>限界変形率</u>と呼びます。これは、一方の財の生産を少し増やすと他方の財の生産がどれだけ減るのか、その比率を表わしています。完全競争の下では、現実に選択される生産点は生産フロンティアの上に乗ります。つまり生産における資源配分の効率性が実現するのです。そしてそこでは生産フロンティアの傾き、すなわち限界変形率は2つの財の<u>価格比</u>に等しくなります。

　図8-7に整理されているように、完全競争の下では資源配分の効率性が実現しますが、その仲介をするのが価格です。この点は第4章でも説明しました。図に整理されているように、価格比は生産のうえでの<u>限界変形率</u>、消費者にとっての<u>限界代替率</u>、そして交換が行われる場合の<u>交換比率</u>になり、この3つが一致することは効率的な資源配分が実現するうえで必要な条件となります（この点についての詳しい説明は、伊藤ミクロ254～256ページの説明に譲ります）。

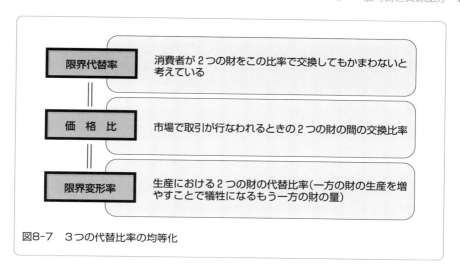

図8-7　3つの代替比率の均等化

比較優位の理論は経済学の原点

　比較優位の理論は、近代経済学の基礎を築いた経済学者の1人であるデービッド・リカードによって提起されたものであり、経済学の基礎をなす非常に重要な考え方です。そしてこの理論は、貿易自由化が世界にとって望ましいという自由貿易主義の理念の基礎となっています（伊藤ミクロ256～258ページでは、アインシュタインの比較優位という比喩的な説明をしています）。

　比較優位の考え方の背景には、それぞれの国には資源の制約があるという認識があります。資源に制約があるため、できるだけ効率的な資源配分を追求しなくてはいけないというのは、経済学の基本的な考え方ですが、比較優位もそうした見方から出てきます。ここでは労働という生産要素を例にとって、その量に限界があるという想定をします。そこで重要なのは、その国が得意な産業に労働を集中させて、それ以外の産業の生産物は海外から輸入すればよいという考え方です。そして、その国が得意な産業について、比較優位という考え方でとらえるのです。

　表8-1を使って、比較優位の基本的な考え方を説明します。この表は比較優位を理解するうえで基本となるものですので、しっかり理解するようにしてください（伊藤ミクロ258～262ページで詳しく説明しています）。この表には2つの国（日本とアメリカと呼ぶ）で、それぞれ2つの財を生産するのに労働がど

表8-1　日本とアメリカの比較優位構造

	必要労働係数	
	機　　械	農　産　物
日　　　本	2	4
ア　メ　リ　カ	6	6

れだけ必要であるのかという技術的な条件が記されています。この表から、そ
れぞれの国はどちらの財に比較優位があるのか読み取る必要があります。

　次に、上で説明した比較優位のパターンは、両国が自由な貿易を行うことで、
自動的に実現されることを理解する必要があります。詳しくは伊藤ミクロを参
照してほしいのですが、市場メカニズムに導かれて自由に貿易すれば、結果と
してそれぞれの国は、自国が比較優位を持っている産業に資源を集中させる結
果になるのです。つまり、世界レベルで資源配分の最適化が実現することにな
ります（伊藤ミクロ259ページのコラムを含めた説明を参照してください）。

8
一般均衡と資源配分
練習問題

確認問題

次の問いのア～キの空欄に適切な言葉をあてはめなさい。

1．交換による資源配分の変化を考えるうえでは、（　ア　）と呼ばれる箱型の図形を用いて分析することが有用である。この図形の縦と横の長さは、2人の2財の初期保有量の大きさになる。

2．資源配分をどう変えても、誰かの効用を下げることなしには他の人の効用を上げることができない状態を（　イ　）最適な資源配分という。こうした資源配分は、効率的だとされている。

3．ボックス・ダイアグラム内において、2人の無差別曲線が接する点を結んだ線は、（　ウ　）と呼ばれる。この曲線上の点は、すべて（　エ　）最適になっている。

4．ボックス・ダイアグラム上で、2人の間で財を効率的に配分したときに実現できる2人の効用の組み合わせを描いたものが、（　オ　）という曲線になる。この曲線を見れば明らかであるが、資源配分が効率的であっても、必ずしも公平性が実現しているとはいえない。

5．2つの生産要素用いて実現可能な2つの財の生産量を表わした図形は、生産可能性領域と呼ばれる。この領域のなかでも効率的な生産を行った場合の2つの生産物の組み合わせを描いたものが、（　カ　）という曲線になる。この曲線上の各点の傾きを（　キ　）率と呼ぶ。

解答

ア．ボックス・ダイアグラム　　イ．パレート　　ウ．契約曲線

エ．パレート　　オ．効用フロンティア　　カ．生産フロンティア
キ．限界変形

例題 1

　2人の消費者が2つの財を交換する状況を考えます。ボックス・ダイア
グラムが下のように表わせるとき、以下の問いに答えなさい。ただし、
O_A は消費者Aの原点、O_B は消費者Bの原点を表わし、横軸に財1の消費
量ないしは保有量をとり、縦軸には財2の消費量ないしは保有量をとって
います。また、無差別曲線 U_{A1}、U_{A2} は消費者Aの無差別曲線、無差別曲
線 U_{B1}、U_{B2} は消費者Bの無差別曲線を表わし、点 O_A と O_B を結ぶ線は契
約曲線を表わしています。さらに、点 E_4 は初期保有量を表わしていると
します。

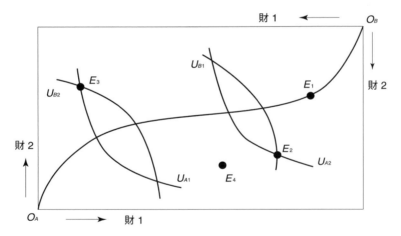

(1)　ボックス・ダイアグラムの縦と横の長さはそれぞれ何を表わしている
　　でしょうか。

(2)　点 E_2 と点 E_3 を比べたとき、消費者Aの効用が高いのはどちらでしょ
　　うか。

(3)　点 E_3 の状態よりも2人の効用水準が高まる範囲はどこになるでしょ
　　うか。図に示しなさい。

(4)　異なった消費者の間で限界代替率が等しくなることは、効率的な資源

配分を達成するために必要なことですが、これはどうしてでしょうか。
簡単に説明しなさい。

(5)　図のなかのパレート最適点は E_1〜E_4 のどれでしょうか。

解答

(1)　縦の長さは消費者Aと消費者Bの財2の初期保有量の合計値になる。横の
長さは消費者Aと消費者Bの財1の初期保有量の合計値になる。

(2)　消費者Aの原点は O_A であり、右上に行くほど効用水準が高くなる。点
E_3 は無差別曲線 U_{A1} 上の点であり、点 E_2 は無差別曲線 U_{A2} 上の点なので、
点 E_2 のほうが効用水準は高い。

(3)　点 E_3 は無差別曲線 U_{A1} 上の点なので、点 E_3 の状態よりも消費者Aにと
って効用水準が高まる領域は、U_{A1} よりも右上の範囲になる。一方、消費者
Bにとって、点 E_3 は無差別曲線 U_{B2} 上にあり、点 E_3 の状態よりも効用水
準が高まる領域は、消費者Bの原点が右上方にとられているので、U_{B2} の左
下の範囲になる。したがって、消費者AもBも、ともにその効用水準が高ま
る範囲は、無差別曲線 U_{A1} と U_{B2} に囲まれたレンズ型をした領域の内部と
いうことになる。これは下の図の色の付いた部分になる。

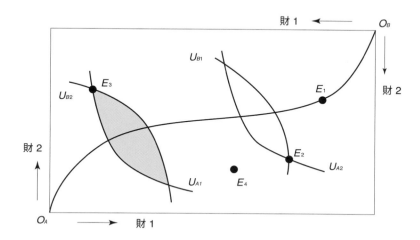

(4)　もしある2人の消費者の間で限界代替率が均等化していなければ、この2
人の間で2つの財を交換することで、どちらの消費者の効用も以前より高く

なる。これは当初の状態が資源配分の観点から最適ではないことを意味する。

(5)　パレート最適な点は、契約曲線上の点である点 E_1 になる。なぜなら契約曲線は、2人の消費者の無差別曲線が接する点の集合、すなわち、一方の消費者の効用水準を上げるためには、もう一方の消費者の効用水準を下げなければならないというパレート効率的な状態の集合であるからである。

例題2

　2国（A国とB国）、2財（財1と財2）の世界を考えます。表のなかの数値は、それぞれの国でその財を1単位生産するために必要な生産要素の量（ここでは労働だけだとします）を表わしたものです。左上の10という数字は、A国で財1を1単位生産するためには、10単位の労働が必要であるということになります。このとき、以下の問いに答えなさい。

	財1	財2
A国	10	20
B国	8	10

(1)　ここでは、両国の財1と財2の生産については規模に関して収穫一定であると考えています。これはどのようなことを意味するのでしょうか。簡単に説明しなさい。

(2)　財1の生産に絶対優位を持っている国はどちらでしょうか。財2の生産に絶対優位を持っている国はどちらでしょうか。

(3)　財1の生産に比較優位を持っている国はどちらでしょうか。財2の生産に比較優位を持っている国はどちらでしょうか。

解答

(1)　規模に関して収穫一定であれば、生産要素の投入量が2倍、3倍と増えたとき、それに比例して生産量も2倍、3倍と増えていく。したがって、例えばA国で10単位の労働を投入して財が1単位生産されるならば、20単位の労働を投入することで2単位の財が生産され、30単位の労働を投入することで

３単位の財が生産されるという具合になる。

(2)　財１を１単位生産するのに、A国は10単位の労働、B国は８単位の労働を必要とする。したがって、必要な労働投入量が少ないB国が財１の生産に関して絶対優位を持っている。同様に、財２を１単位生産するのに、A国は20単位の労働、B国は10単位の労働を必要とする。したがって、この場合も必要な労働投入量が少ないB国が財２の生産に関して絶対優位を持っていることになる。

(3)　A国は財１の生産を１単位犠牲にした場合、財２を0.5単位生産できる（財１の生産に必要となる10単位の労働を財２の生産にまわすと、財２は20単位の労働を投入して１単位生産できるので、10単位しかまわしていないことから、財２は10/20（＝0.5）単位しか生産できないということ）。同様に、B国は財１の生産を１単位犠牲にした場合、財２を0.8（＝8/10）単位だけ生産できる。したがって、両国が財１の生産を１単位犠牲にした場合、B国のほうがより多くの財２を生産できる（0.5＜0.8）ことになるので、B国は財２の生産に関して比較優位を持つことになる。このことから、逆にA国は財１の生産に関して比較優位を持つことになる（A国は財２の生産を１単位犠牲にした場合、財１を２（＝20/10）単位生産できるのに対して、B国は財２の生産を１単位犠牲にした場合、財１を1.25（＝10/8）単位生産できる。よって、A国はB国よりも多くの財１を生産できることから、A国は財１の生産に比較優位を持つことになる、ということで確かめることもできる）。

練習問題 1

　パレート最適であるというのはどういう状態でしょうか。簡単に説明しなさい。

解答

　パレート最適とは、資源配分をどのように変えても、誰かの効用を下げることなしには誰の効用も上げることができない状態をいう。パレート最適な状態は、効率的な資源配分が行われている状況であるといえる。

練習問題 2

太郎君と次郎君の 2 人の消費者と、x 財と y 財の 2 財からなる経済での交換を考えます。太郎君は x 財 1 つと y 財 2 つの価値が等しいと思っており、次郎君は x 財 2 つと交換に、y 財 5 つを手放してよいと考えているとします。このとき、太郎君はどちらの財を高く評価しているでしょうか。また、次郎君はどうでしょうか。さらに、双方の状態を改善するには、2 財をどう配分すべきでしょうか。

解答

太郎君は x 財 2 つに対して、y 財 4 つの価値が等しいと思っている。それに対して、次郎君は x 財 2 つに対して、y 財 5 つの価値が等しいと思っている。したがって、x 財 2 つに対して次郎君はより多くの y 財を要求していることから、次郎君のほうが太郎君よりも x 財を高く評価していることになる。逆に、太郎君のほうが次郎君よりも y 財を高く評価していることになる。

双方の状態を改善するには、太郎君は x 財を次郎君に、次郎君から太郎君に y 財を配分すべきである。

練習問題 3

下の図は、A 国と B 国の財 1 と財 2 に関する生産可能性領域（図の赤色の部分）および無差別曲線（U_{A1}、U_{A2}、U_{B1}、U_{B2}）を描いたものです。貿易後の相対価格は 1 であるとします。このとき、以下の問いに答えなさい。

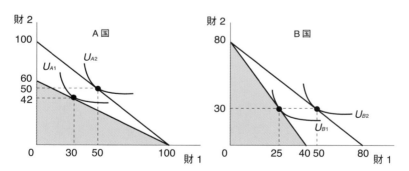

(1) A 国において、貿易前の財 1 と財 2 の相対価格はいくつでしょうか。

B国ではいくつでしょうか。

(2) 貿易前の両国の財1と財2の生産量はそれぞれいくつになるでしょうか。

(3) 両国で貿易が行われた場合、A国は財1と財2をそれぞれいくつ生産するでしょうか。B国についてはどうでしょうか。

(4) 両国で貿易が行われた場合、それぞれの財のA国での消費量はいくつになるでしょうか。B国ではいくつになるでしょうか。その結果、輸出量や輸入量はいくつになるでしょうか。

解答

(1) 貿易前の相対価格は、生産フロンティアと無差別曲線の接点における接線の傾きになる。したがって、A国では0.6（＝60/100）、B国では2（＝80/40）になる。

(2) 貿易前の生産量は、生産フロンティアと無差別曲線の接点で求められる。A国では次のページの図の点 A^{**} で実現され、財1の生産量が30、財2の生産量が42になる。B国では点 B^{**} で実現され、財1の生産量が25、財2の生産量が30になる。

(3) 貿易後の相対価格が1である場合、1単位の財1は1単位の財2と交換できるということになる。A国では、財1の生産を1単位犠牲にすることで、財2を0.6単位生産できるので、1＞0.6に注意すると、財1の生産をあきらめて財2を生産することで得られる利益よりも、財1を生産してそれを財2と交換することで得られる利益のほうが大きいということになる。すなわち、財2の生産をあきらめて財1を生産することで、より多くの利益を得ることができる。したがって、A国は財1の生産に特化することになる。この結果、A国の生産は図の点 A_0 で実現され、財1の生産量は100、財2の生産量は0になる。

　一方、B国は財1の生産を1単位犠牲にすることで、財2を2単位生産できるので、財1の生産をあきらめて財2を生産することで、より多くの利益を得ることができる。したがって、B国は財2の生産に特化することになる。この結果、B国の生産は点 B_0 で実現され、財1の生産量は0、財2の生産量は80になる。

(4) 貿易後の相対価格が1のとき、消費可能領域が拡大する。A国の場合、点 A_0 を通り、傾きが−1の直線にまで拡大し、B国の場合、点 B_0 を通り、傾きが−1の直線にまで拡大する。したがって、A国の消費は点 A^* で実現され、財1と財2の消費量はともに50になる。この結果、A国の財1の輸出量は50、財2の輸入量は50になる。一方、B国の消費は点 B^* で実現され、財1と財2の消費量はそれぞれ50と30になる。この結果、B国の財1の輸入量は50、財2の輸出量は50になる。

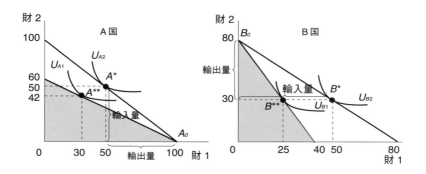

○×問題

1. 効用フロンティア上の点はパレート最適である。
2. 2人の嗜好（好み）に違いがあっても、初期の保有量が2人ともまったく同じ場合、交換の利益は生じない。
3. 2人の初期の保有量が異なっても、2人の嗜好がまったく同じだった場合、交換の利益は生じない。
4. 生産フロンティア上の点はパレート最適である。
5. パレート最適な点は、所得分配の公平性をも満たしている。

解答

1. ○。
2. ×。2人の嗜好に違いがある場合、初期の保有量がまったく同じでも交換の利益は生じる。
3. ×。2人の嗜好がまったく同じでも、初期の保有量が異なる場合、交換の

利益は生じる。

4．○。

5．×。パレート最適な点では、資源配分は効率的であるが、公平な所得分配
であるわけではない。

Part 3

ミクロ経済学の展開

9
独占の理論
ポイント解説

限界収入の概念を理解しよう

独占の理論を理解するための最大のポイントは、限界収入の考え方を理解することにあります。図9-1に需要曲線と限界収入曲線が、図9-2にその背景にある需要曲線と総収入曲線の関係が図示されています。これらの図を理解することがポイントとなります。

完全競争の場合も同じですが、企業（供給者）は利潤を最大化すると想定されています。利潤は総収入から総費用を引いたものです。総費用についてはすでにPart 2で詳しく説明しましたが、総収入についてはこの章で本格的に学ぶことになります。

総収入とは、企業が財やサービスを供給することで得られる収入の総額を表わしており、それは通常は、価格×供給量となります。図9-2の総収入曲線は、横軸にとった供給量と縦軸にとった総収入の額の関係を示したものです。この図にもあるように、多くの場合、供給量を増やしていくと最初、総収入は増加していきますが、その増加のスピードは次第に遅くなり、ある供給量を超えると、それ以上供給量を増やすとかえって総収入が減少していきます。総収入が多くの場合にこのような形状になるのは、図9-2にあるような需要曲線の性質から出てきます。需要曲線は右下がりになっているので、企業の供給量が増えるほど、価格（単位供給当たりの収入、つまり平均収入）が低くなります。そのため、総収入曲線も図のような釣り鐘型になるのです。

限界収入とは、供給を増やすことによって収入が追加的にどれだけ増えるか

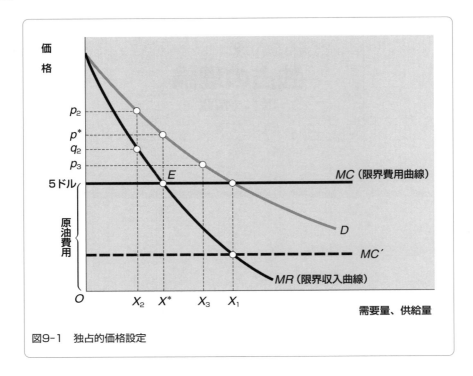

図9-1　独占的価格設定

を表わしたもので、限界収入曲線は図9‐1に示したように、通常は需要曲線
よりも下方にあります。限界収入は総収入曲線の傾きでも表わされます。

　以上で説明したことを数式で表わしたものが、伊藤ミクロ（278～279ページ）
の補論にありますので、それも参考にしてください。

独占企業は供給量を低く抑えることで価格を引き上げる

　完全競争の場合と違い、独占企業は右下がりの需要曲線に直面しています。
供給量を増やすためには価格を下げなくてはいけませんし、逆に供給量を少な
めにすれば高い価格を付けることができます。一般的に独占企業は価格を高く
設定するために、供給量を抑える傾向があります。

　独占企業の利潤最大化行動を図で示したのが、図9‐3です。この図には、
すでに描いた限界収入曲線や総収入曲線に加えて、限界費用曲線と総費用曲線
が描かれています。独占企業にとって利潤を最大にするような点（供給量）は、

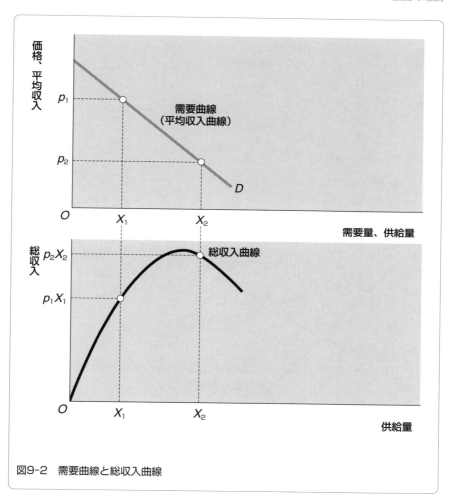

図9-2　需要曲線と総収入曲線

総収入曲線と総費用曲線の縦の差（これが利潤を表わしています）が一番大きく
なるところです。図9-3の上図に示されているように、このような点では、
総収入曲線の傾きである限界収入と、総費用曲線の傾きである限界費用が等し
くなっています。図9-3の下図では、これは限界収入曲線と限界費用曲線の
交点として示されています。

　いま見たような利潤最大化行動の下では、独占価格は限界費用に、あるマー
クアップを上乗せしたものになっています。伊藤ミクロのなかで詳しく説明し
てあるように、需要の価格弾力性が小さいほど、このマークアップ率は高くな

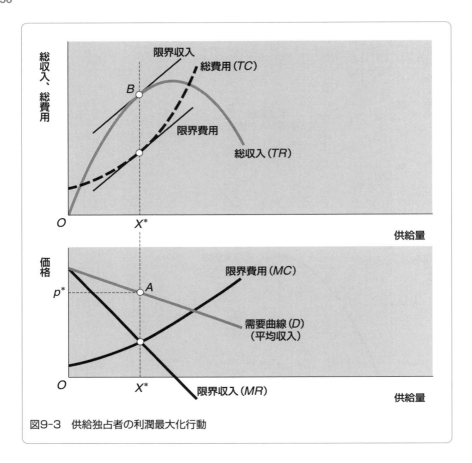

図9-3　供給独占者の利潤最大化行動

ります。需要の価格弾力性が小さいということは、価格を多少上げても需要が
それほど減らないということであり、その結果、独占企業はより高い価格を設
定する傾向にあるのです。

独占理論についてもう少し深く学んでみよう

　財やサービスが独占企業によって供給されることは、資源配分の観点からは
好ましいことではありません。それは独占企業が価格を高めに設定するために、
本来あるべき水準よりも少ない量しか供給しないからです。この独占に伴う資
源配分の歪みについて正確に理解してください。独占が問題であるのは、独占

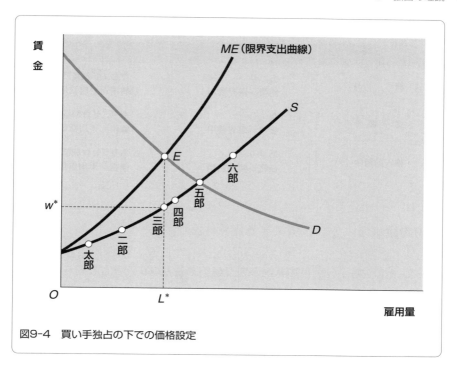

図9-4　買い手独占の下での価格設定

企業が消費者から搾取をするからだ、と漠然と考えている人がいます。こうい
った考え方がまったく間違いであるとはいいませんが、ここで取り上げている
独占的行為による資源配分の歪みの問題とはまったく関係ないものです。

　独占的な行為による社会的な損失を補うため、現実の世界ではさまざまな形
で独占的行為に対する規制が行われています。独占禁止法という法律の下で、
公正取引委員会という政府組織が企業の行動を監視しているのは、そうした資
源配分の歪みを是正するためです。

　独占の特殊な例として、買い手独占があります。図9-4に買い手独占の行
動パターンが説明されています。ある地域で独占的に労働を需要する例がここ
には描かれていますが、伊藤ミクロ（282〜285ページ）を参考にしながら、通
常の（売り手）独占の類似性との違いについて確認してください。

表9-1　独占、完全競争、独占的競争の特性

	価格支配力	参　入
独　　占	あ　り 価格＞限界費用	なし（正の利潤） 価格＞平均費用
完 全 競 争	な　し 価格＝限界費用	あり（ゼロ利潤） 価格＝平均費用
独占的競争	あ　り 価格＞限界費用	あり（ゼロ利潤） 価格＝平均費用

独占的競争のような状況にある産業は多い

　表9-1に、独占的競争の状況が完全競争や独占の状況とどう違うのか整理してあります。完全競争の世界では、個々の企業に価格決定権はありませんでした。市場で決まっている価格で売買するしかなかったのです。これに対して独占の世界では、企業は利潤を最大化するために自ら価格を決める力を持っていました。また、完全競争の世界では個々の企業に利潤が発生する限り新規の参入が起き、最終的には利潤がゼロになる（経済学ではこれを正常利潤は生じているものの、超過利潤がゼロとなるといいます）まで参入が続きます。これに対して独占の場合には、企業が利潤を上げていても新規の参入は起こらないと想定されていました。独占的競争とは、この両者のちょうど中間で、一方では個々の企業は利潤を高めるような価格決定権を持っていますが、利潤があれば新たな参入が生じて、最終的な利潤はゼロになると想定します。

　現実の世界では、独占的競争のような産業が多いと考えられます。いろいろな企業が供給している財やサービスには少しずつ違いがあり、企業はその違いを前提にして価格を調整できるのです。例えば、ガソリンや工業原料のような同質的な商品では、他の企業の商品と異なる価格を設定することは難しいのですが、カップラーメンや衣料品のような通常の消費財であれば、商品の間に多様性があり、個々の企業に価格設定力が出てくるのです。ただ、競争はありますので、利益が出ているような産業には新規の参入が起き、最終的に利潤がゼロになるような状況まで、商品の種類は増えるのです。もちろん、そうした参入によって多様な商品が出てくるので、消費者にとっては好ましいことでもあ

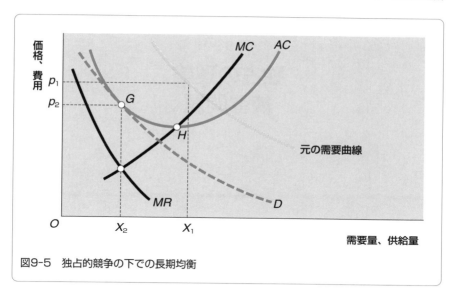

図9-5　独占的競争の下での長期均衡

ります。

　独占的競争の理論のもっとも重要な本質は、図9-5に示されています。ここには、長期的に独占的競争的な産業で、個々の企業の価格や供給量がどのように決まるのかが示されています。詳しくは伊藤ミクロ（286〜289ページ）の解説を参照してほしいのですが、そのエッセンスを述べれば、企業は限界費用と限界収入が交わる所で利潤最大化行動をとっているのですが、競合企業の参入があるため、需要曲線は（図9-5の元の需要曲線から D まで）左にシフトしていって、長期的には利潤がゼロになるような水準にあるということです。

9
独占の理論
練習問題

確認問題

　次の問いのア〜オの空欄に適切な言葉や数値、アルファベットをあてはめなさい。また、①〜③については正しいものを選びなさい。

1．企業が利潤を最大化したときの生産量の下では、限界収入と限界費用が等しくなっている。プライス・テイカーと独占企業の違いは、前者では（①　限界収入が平均収入よりも小さくなる・限界収入と平均収入が一致する・限界収入が平均収入よりも大きくなる）のに対して、後者のケースでは（②　限界収入が平均収入よりも小さくなる・限界収入と平均収入が一致する・限界収入が平均収入よりも大きくなる）。これは、独占企業が直面している需要曲線（＝平均収入曲線）が右下がりであるためである。

2．独占企業が限界費用に対して価格を何％上積みするかを表わした指標で、限界費用に対する価格と限界費用の差を（　ア　）率という。この率が0.5（百分率だと50％）のとき、かりに限界費用が1000円であれば、価格は（　イ　）円になる。また、需要の価格弾力性が小さいほど、この率は（③　大きく・小さく）なる。

3．競争の欠如によって生まれる非効率性のことを、（　ウ　）非効率という。独占を排除すれば競争が促進され、より品質の高い商品やサービスが効率的に提供されることになる。

4．A町とB町に八百屋が1軒ずつあるとする。例えば、A町の八百屋が売っている大根の価格を多少高くしても、A町の客をすべて失うわけで

はない。このような状況を（　エ　）独占という。

5. 独占的競争では、独占的供給者の生産量の下、限界収入と限界費用が
等しくなっているが、短期的には供給者が正の利潤を上げているため、
次々に（　オ　）が起こり、長期的には利潤がゼロになる。

解答

ア．マークアップ　　イ．1500　　ウ．X　　エ．地域　　オ．参入
①限界収入と平均収入が一致する　　②限界収入が平均収入よりも小さくなる
③大きく

例題 1

独占企業が直面する需要曲線が、

$$D = 120 - p \quad (D：需要量、p：価格)$$

であるとします。また、この独占企業の費用関数が

$$C = X^2 \quad (C：総費用、X：供給量)$$

であるとします。このとき、以下の問いに答えなさい。

(1) この企業の直面する限界収入曲線を求めなさい。

(2) この企業の限界費用曲線を求めなさい。

(3) この企業が設定する価格はいくつでしょうか。また、そのときの供給
量を求めなさい。

(4) 消費者余剰と生産者余剰はいくつになるでしょうか。また、総余剰を
最大化する社会的に最適な供給量の水準と比べて、どれだけの余剰の損
失があるかを求めなさい。

解答

(1) 限界収入の大きさは、総収入を需要量で微分することで得られる。総収入
（TR）は価格に供給量（これは均衡では需要量に一致する）を掛け合わせたも
のなので、需要曲線を用いて、

$$TR = p \times D = (120 - D) \times D = 120D - D^2$$

したがって、限界収入（MR）$= 120 - 2D$ となる。

(2) 限界費用の大きさは、総費用を供給量で微分することで得られる。したが
って、限界費用（MC）$= 2X$ となる。

(3) 利潤最大化の条件式は「$MR = MC$」なので、求める需要量（これは供給量に等しい）を X とおくと、$120 - 2X = 2X$。ゆえに $X = 30$。また、このときの価格は需要曲線上の点で決定されるので、$p = 120 - X = 120 - 30 = 90$。したがって、独占価格は90、そのときの供給量は30となる。

(4) 消費者余剰、生産者余剰、厚生の損失は下の図のようになる。したがって、

消費者余剰 $= 30 \times (120 - 90) \div 2 = 450$

生産者余剰 $= 30 \times 30 + 60 \times 30 \div 2 = 1800$

厚生の損失 $= 30 \times (40 - 30) \div 2 = 150$

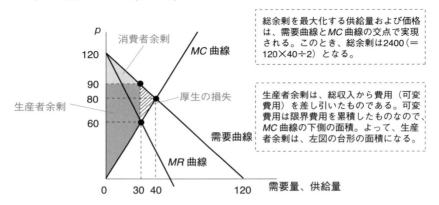

総余剰を最大化する供給量および価格は、需要曲線と MC 曲線の交点で実現される。このとき、総余剰は2400（$= 120 \times 40 \div 2$）となる。

生産者余剰は、総収入から費用（可変費用）を差し引いたものである。可変費用は限界費用を累積したものなので、MC 曲線の下側の面積。よって、生産者余剰は、左図の台形の面積になる。

例題 2

下の図は、独占市場におけるさまざまな曲線を表わしたものです。このとき、以下の問いに答えなさい。

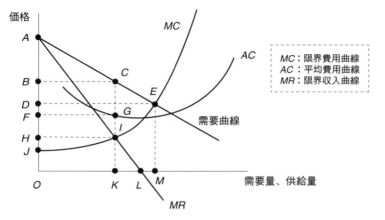

MC：限界費用曲線
AC：平均費用曲線
MR：限界収入曲線

(1) この独占企業が利潤を最大化するときに設定する価格や供給量は、どの点で実現されるでしょうか。またそのときの価格や供給量を図上で示しなさい。

(2) 独占価格を付けているときの超過利潤は、図中のどの面積で表わされるでしょうか。

(3) また、このとき消費者余剰、生産者余剰、厚生の損失の大きさは、図中のどの面積で表わされるでしょうか。

(4) この独占企業が利潤最大化行動をとらずに、売上高最大化を行った場合の供給量はいくつになるでしょうか。

解答

(1) 独占企業の利潤最大化条件「限界収入＝限界費用」を満たす供給量における需要曲線上の点になるので、点 C で利潤は最大化される。このとき、価格は OB、供給量は OK となる。

(2) 超過利潤は、総収入から総費用を差し引いた大きさになる。総収入は□ $OBCK$、総費用は平均費用に供給量を掛け合わせたものになるので、□ $OFGK$。したがって、超過利潤は□ $BCGF$。

(3) 消費者余剰は△ ACB、生産者余剰は $JBCI$、厚生の損失は CEI となる。

(4) 売上高を最大化した場合、総収入が最大となる値になる。したがって、限界収入がゼロとなるような供給量、すなわちその供給量は OL になる。

> **補足**
>
> 完全競争市場においては（正常利潤は確保されていますが）、超過利潤はゼロになります。

例題 3（発展問題：買い手独占の問題）

ある生産要素の供給が競争的に行われ、その供給曲線が $S = p - 10$ で示されているとします。その一方で、ある企業がこの生産要素に対する唯一の需要主体であり、その需要曲線が $D = 100 - p$ で表わされるとします。このとき、以下の問いに答えなさい。

(1) 買い手独占者が直面する供給曲線から、それに対応する限界支出の大

きさを導きなさい。

(2) 買い手独占者の付ける価格と、そのときの需要量を求めなさい。

(3) この需要主体が独占的に需要するのではなく、完全競争市場であったならば、そのときの需要量はいくつでしょうか。また、買い手独占によってどれだけの総余剰が失われているでしょうか。

解答

(1) 限界支出（ME）は総支出を供給量で微分したものになる。総支出額（TE）は価格に供給量を掛け合わせたものなので、

$$TE = p \times S = (S+10) \times S = S^2 + 10S$$

となる。限界支出はこれを供給量で微分して、$ME = 2S + 10$ となる。

(2) 買い手独占の需要量は、限界支出が需要曲線上の価格と等しくなる点になるので、求める需要量（これは供給量に等しい）を X とおくと

$$2X + 10 = 100 - X \quad （左辺は限界支出、右辺は需要曲線上の価格）$$

$$\therefore X = 30。$$

したがって、需要量は30となる。そのときの価格は供給曲線上の価格になるので、$p = 40$。

(3) 完全競争市場では、需要曲線と供給曲線の交点で価格と供給量が決定される。したがって、価格は55、需要量（＝供給量）は45となる。また、完全競争市場における総余剰は2025（＝ $90 \times 45 \div 2$）であり、買い手独占市場における総余剰は1800（＝ $(30+90) \times 30 \div 2$）となるので、失われる余剰の大きさは、その差額225（＝ $2025 - 1800$）となる。

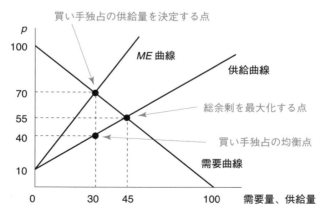

練習問題 1

　ある独占企業が直面する需要曲線が $D = 200 - p$（D：需要量、p：価格）で与えられているとします。このときの総収入曲線、平均収入曲線、限界収入曲線を求めなさい。

解答

　　総収入 ＝ 価格×需要量 ＝ $(200 - D) \times D = 200D - D^2$

　　平均収入 ＝ 総収入 / 需要量 ＝ $(200D - D^2)/D = 200 - D$

　　限界収入 ＝ 総収入を需要量で微分したもの ＝ $200 - 2D$

となる。平均収入は需要曲線と一致している。

練習問題 2

　下の図は、独占的競争企業の長期均衡を示したものです。このとき、以下の問いに答えなさい。

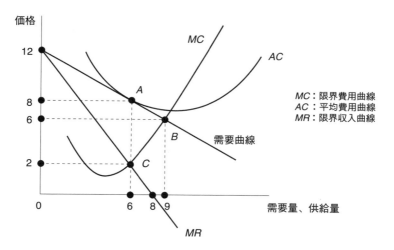

MC：限界費用曲線
AC：平均費用曲線
MR：限界収入曲線

(1) 独占的競争企業の長期均衡点は、図の $A \sim C$ のどの点でしょうか。また、この企業の均衡における供給量やそのときの価格はいくつになるでしょうか。

(2) この企業の均衡における利潤はいくつになるでしょうか。

解答

(1) 独占的競争企業の長期均衡点は点 A になる。この企業の均衡における供給量は 6、価格は 8 となる。

(2) 総収入は需要量と価格を掛けたもので48になる。一方、点 A の総費用は、平均費用が 8 で供給量が 6 なので、同じく48になる。したがって、利潤はゼロとなる。

○×問題

1．需要曲線が右下がりである限り、不完全競争市場では、価格は限界収入よりも大きくなっている。

2．独占企業の供給曲線は、完全競争時の市場全体の供給曲線よりも非弾力的になる。

3．いま、限界収入が10、限界費用が 5 であったとき、この独占企業は供給量を減少させることで利潤を増大することができる。

4．買い手独占では、需要量を制限することで価格を引き下げる。それに対して、売り手独占では、供給量を制限することで価格をつり上げている。

5．独占的競争と完全競争を比べると、長期均衡ではどちらも効率的な規模で生産している。

解答

1．○。1単位追加的に売ったときに得られる収入の増加分（限界収入）は、価格よりも小さくなっている。これは、不完全競争市場における企業は、価格をある程度コントロールでき、販売量を増やすには価格を下げないといけないからである。

2．×。独占企業の供給曲線は存在しない。完全競争の場合、利潤の最大化行動によって $p = MC$（価格と限界費用が等しくなるところまで供給する）が成り立つので、供給曲線は限界費用曲線と一致していたが、独占企業の場合、$MR = MC$（限界収入と限界費用が等しくなるところまで供給する）となる点で、価格と供給量が同時に決定される。よって、さまざまな価格水準に対応する供給曲線は存在しない。

3．×。1単位追加的に生産量を増やすことで得られる収入が費用を上回っているので、供給量を拡大することが望ましい。そのためにも価格を引き下げることで需要量を増大すべきである。

4．○。

5．×。完全競争市場における企業では、価格と限界費用が一致しているので、効率的な規模で生産しているといえるが、独占的な競争市場における企業では、価格は限界費用よりも高く、供給量は効率的な規模よりも少なくなる。

10

ゲームの理論
ポイント解説

囚人のディレンマを理解することから始めよう

　入門書のレベルで本格的なゲーム理論を学ぶことは難しいのですが、この章にあるような事例について考えることで、ゲーム理論の考え方をつかんでほしいと思います。そのもっとも重要な例が囚人のディレンマで、これを理解することがこの章の最大の目的であるといっても過言ではありません。

　図10-1は囚人のディレンマを簡単な例で示したものです（この図の詳しい説明は、伊藤ミクロ299〜301ページを参照してください）。ここでは重要な点のみを取り上げます。この図にある山田容疑者と加藤容疑者のような立場にある者を、ゲームのプレイヤーと呼びます。それぞれのプレイヤーは相手の行動を考慮に入れながら、自分にとってもっとも好ましい行動をとろうとします。ここで行動の基準となるのが、図のなかに数値で示されているペイオフというものです。図を見ながら各自の行動について考えてみてください。

　囚人のディレンマの重要な特徴は、それぞれのプレイヤーは、相手がどのような行動をとろうと、白状という行動をとることにあります。その結果、両方のプレイヤーともに白状という行動をとることになりますが、これが両者にとって必ずしも好ましい結果ではないところに、囚人のディレンマの特徴があります。それぞれのプレイヤーが合理的な行動をとったにもかかわらず、結果的には両者にとって好ましい結果にならないのです。

　囚人のディレンマのような事例は、現実の世界にいろいろな形で観察することができます。図10-2のように、囚人のディレンマの考え方を応用して、2

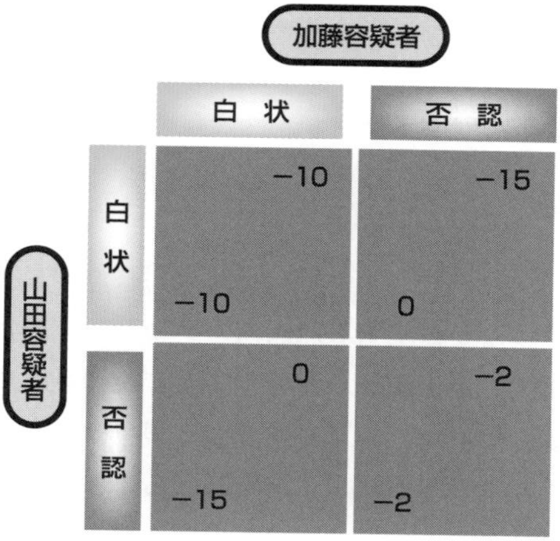

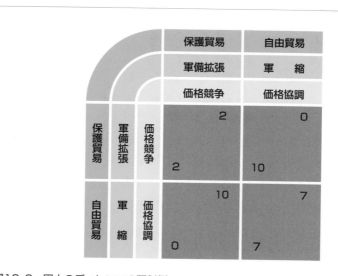

図10-1　囚人のディレンマ

図10-2　囚人のディレンマの類似例

国間の軍拡競争、2つの企業間の価格競争、2国間の貿易制限を説明すること
ができます（詳しくは、伊藤ミクロ301〜304ページを参照）。

　囚人のディレンマの例でも見られるように、経済主体間に強い相互依存関係

があるときには、それぞれがどのような行動をとるのかということが、相手の行動にも大きな影響を及ぼし、その相互依存関係を理解するうえでゲーム理論的な考え方が有効であるのです。

繰り返しによって協調が生まれる

次に伊藤ミクロでは、先に説明した囚人のディレンマの例を用いて、繰り返しゲームのときには協調が生まれるということが説明されています。現実の世界でもカルテルのような形で、企業が結託する現象が見られます。このような行動は、ゲームが繰り返し行われることで起こることがあります。

詳しい説明は伊藤ミクロを参照してほしいのですが、その大まかなストーリーは以下のとおりです。通常の囚人のディレンマでは、それぞれのプレイヤーが利己的な行動をとることで、結局両者とも損をする結果になります。しかし、ゲームが繰り返し行われる場合には、現時点で裏切り的な行為をとれば、後で報復を受けるおそれがあり、そうした報復の脅威が、結果的にプレイヤーに協調的な行為をとらせることにつながるのです。

繰り返しゲームで分析される協調的な行為は、カルテル的な行為以外に、労使協調や企業間の長期的関係などの分析にも利用可能です。

「ゲームの木」の読み方を学ぶ

次に、ゲーム理論を分析するためのもう1つの手法である、ゲームの木の読み方を学びます。図10‐3に金融政策の運営の例を使ったゲームの木が描いてあります。

ゲームの木は、ゲームのプレイヤーが相互にどのような手番を繰り出していくのかを見るうえで便利な図です。図の金融政策の事例では、市中銀行の行動に対して、日銀（中央銀行）がどのような政策的な対応をとるのかという手番が示されています。ゲームの木を見るうえで重要なポイントは、この図でいうと最初に行動をとる市中銀行が、その後の中央銀行の行動パターンを読んで自らの行動を決定するというものです。ここでの例では、市中銀行がその後の中央銀行の行動を読み込んで行動するので、金融政策がうまく機能しなくなって

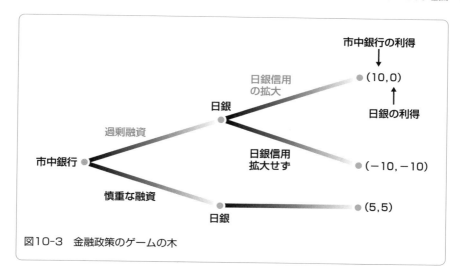

図10-3　金融政策のゲームの木

しまいます。

　ここで例示される金融政策の話は、現実の金融政策の運営を考えるうえでも重要です。図10‐3で例示されているような状況では、いざとなれば救いの手を差し伸べるような金融政策が発動されると市中銀行が考えるため、市中銀行の行動は社会的に見て好ましくない結果になってしまいます。金融政策にとって重要であるのは、図10‐4にも示されているように、いざとなっても中央銀行が裁量的な政策をとらないということ（この場合、k%ルールをとるということ）を市中銀行などに確信させることにあります。詳しい説明については伊藤ミクロ（312〜315ページ）を参照してほしいのですが、図10‐4に示されている金融政策の運営をゲーム理論的に解釈すれば、安易な金融緩和や引き締めを行わないということにあらかじめコミットし、それを民間経済主体に確信させることが、金融政策運営で重要なことであるということです。

　図10‐4を用いて説明したことは、マクロ経済学においては、政策における「ルールか裁量か」という問題に対応しています。また、ケインジアン的な政策運営とマネタリスト的な政策運営という視点とも深いかかわりがあります。もっとも、現実のマクロ経済政策運営は、ここでゲーム理論の初歩的な考え方を用いて説明したよりは複雑ですので、そうした点に関心のある読者は、マクロ経済学の教科書を参照してください。

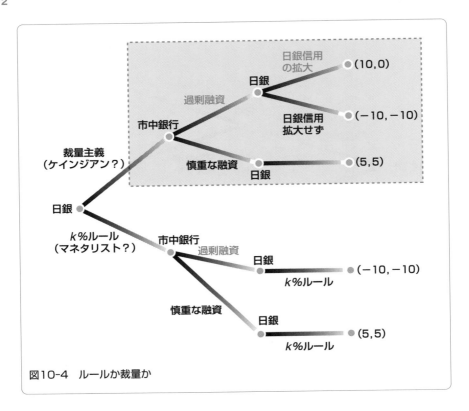

図10-4　ルールか裁量か

10
ゲームの理論
練習問題

確認問題

次の問いのア〜ウの空欄に適切な言葉をあてはめなさい。

1．ゲーム理論では、（　ア　）行動という考え方が頻繁に出てくる。この行動は、自分の行動が相手にどのような影響を及ぼすのかということを読みながら、自分の行動を決めるというものである。

2．例えば、2つの企業が価格競争をするか、あるいは価格協調をするかという戦略があったときに、お互いに価格協調をするほうが利得が大きくなるのに、それぞれが自分にとって一番都合がよい選択肢を選んだ結果、悪い結果を招いてしまうというゲーム理論の1つのゲームが、（　イ　）と呼ばれるものである。

3．競合関係にある企業間の競争も、繰り返し行われることで協調的な行動が生み出されることについては、ゲーム理論では、（　ウ　）ゲームとして分析される。

解答

ア．戦略的　　イ．囚人のディレンマ　　ウ．繰り返し

例題

次のようなゲームについて考えます。いまA国とB国という2つの国がプレイヤーであるとして、A国もB国もともに保護貿易と自由貿易という戦略がとれるものとします。そのときの利得は表のとおりです。ただし、

カッコ内の利得の左側の数値はA国、右側の数値がB国の利得になります。相手の国が自由貿易の立場であれば、自分の国は保護主義的な政策をとることで国内産業の育成をはかることができるため、保護貿易の立場の利得のほうが大きくなるようにしています。相手の国が保護貿易の立場であれば、自分の国も保護貿易の立場をとるほうが望ましいのですが、お互いの国が自由貿易の立場をとった場合の利得よりも低いものとなっています。2つの国が相手の戦略を所与（与えられたもの）として、自国の利益を最大にするように戦略を選ぶものとしたとき、以下の問いに答えなさい。

		B国	
		保護貿易	自由貿易
A国	保護貿易	(2, 2)	(10, 0)
	自由貿易	(0, 10)	(7, 7)

(1) このようなゲームにおいて、両国はどのような戦略をとるでしょうか。その結果、ゲームの均衡はどのような状態になるでしょうか。

(2) A国が相互主義の立場をとった場合、すなわち、B国が保護貿易の立場であるならば、A国も保護貿易の立場をとり、B国が自由貿易の立場であるならば、A国も自由貿易の立場をとる場合について考えます。こうしたゲームにおいて、両国はどのような戦略をとるでしょうか。その結果、ゲームの均衡はどのような状態になるでしょうか。

解答

(1) 両国とも保護貿易の立場をとることになる。その結果、両国とも利得は2になる。これは、B国が保護貿易の立場をとっても自由貿易の立場をとっても、A国は保護貿易の立場をとるほうが望ましく、逆にA国が保護貿易の立場をとっても自由貿易の立場をとっても、B国は保護貿易の立場をとるほうが合理的であるため。これは囚人のジレンマのケースになる。

補足

こうしたゲームの均衡解は、ナッシュ均衡と呼ばれます。ナッシュ均衡は、お互いが相手の戦略に対して最適反応をしている状態を意味し、自分1人が戦略を変えても得をしない状況を指します。

(2)　両国とも自由貿易の立場をとることになり、その結果、両国とも利得を7にすることができる。時間を通じたゲームについては、ゲームの木を書いて最後に意思決定するプレイヤーの行動から見ていくとわかりやすい。この場合、利得の大小関係から、最後に意思決定するプレイヤーはA国であり、B国が保護貿易であればA国は保護貿易をとり、B国が自由貿易であればA国も自由貿易をとることが合理的である。次にB国の意思決定であるが、B国にとって、保護貿易をすることで利得は2となり、自由貿易をすることで7の利得となるので、B国は自由貿易の立場を選択することになる。また、最初にA国は相互主義の立場をとるので、結果的に、A国（相互主義）→B国（自由貿易）→A国（自由貿易）が選択され、双方の利得は7となる。

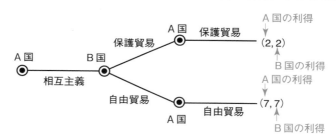

練習問題 1

　次のようなゲームを考えます。プレイヤー1とプレイヤー2の2人がいて、プレイヤー1は A と B という戦略、プレイヤー2は L と R という戦略がとれるものとします。そのときの利得は表のように与えられているものとします。また、2人のプレイヤーは、相手の戦略を所与として、自分の利益が最大になるように戦略を選ぶものとしたとき、このゲームの均衡はどうなるでしょうか。また、このゲームの均衡は、パレート効率的なものになるでしょうか。ただし、カッコ内の左右の数字はそれぞれ、プレイヤー1とプレイヤー2の利得を表わしています。

		プレイヤー2	
		L	R
プレイヤー1	A	$(2, 2)$	$(-4, 8)$
	B	$(8, -4)$	$(0, 0)$

解答

　このゲームの均衡は、プレイヤー1が B を、プレイヤー2が R を選び、2人の利得はともにゼロになる。また、この利得の組み合わせ $(0,0)$ は、パレート非効率なものになっている。なぜなら、プレイヤー1が戦略 A を、プレイヤー2が戦略 L を選ぶことで双方の利得を高めることができるからである。

> 補足
>
> 　ナッシュ均衡が達成されても、必ずしもパレート最適な状態にはなりません。

練習問題2

　次のようなゲームを考えます。ある町にすでにヨーカ堂が出店しています。イオンはこの町に参入するかどうか考えています。このとき、ヨーカ堂には価格競争をする戦略と、共存をはかるという2つの対応があり、ヨーカ堂が価格競争をした場合、イオンにはこれに対抗する戦略と退出する戦略があるとします。また、各プレイヤーは、相手の戦略を所与として、自社の利益が最大になるように戦略を選ぶものとしたとき、このゲームの均衡はどこになるでしょうか。ただし、カッコ内の左右の数字はそれぞれ、イオンとヨーカ堂の利得を表わしています。

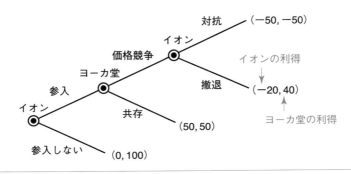

解答

　このゲームの均衡は、イオンが参入し、ヨーカ堂が共存をするというもので、双方の利得は50になる。次のページの図のなかにおける赤線は、それぞれの分

（詳細略）

岐点でプレイヤーが選ぶ戦略である。ゲームの均衡を求めるにあたり、最後の意思決定をするプレイヤーから見ていくと、まず、イオンが「対抗する」か「撤退する」かという選択肢がある。イオンにとっての利得はそれぞれ−50、−20になるので、利得の大小関係から、イオンはこの分岐点においては撤退を選ぶ。次に、ヨーカ堂の意思決定について見ると、ヨーカ堂が「価格競争する」を選ぶと（イオンは撤退するので）ヨーカ堂の利得は40になり、「共存する」を選ぶとヨーカ堂の利得は50になる。したがって、ヨーカ堂は共存を選ぶ。最後に考えるのは、最初に行うイオンの意思決定についてである。イオンが「参入する」場合、（ヨーカ堂は共存することが想定できるので）利得は50になり、イオンが「参入しない」場合の利得はゼロになるので、イオンは参入するほうを選ぶ。

　したがって均衡では、イオンが参入し、ヨーカ堂が共存するという戦略が選ばれることになる。

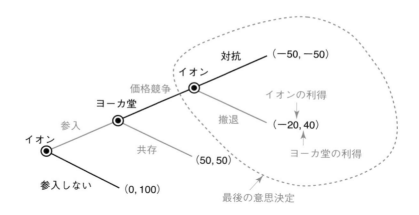

□×問題

1. 囚人のディレンマでは、協調することでお互いに望ましい結果を得られるのであれば、協調する。
2. 継続的な関係があれば、協調が生まれやすい。その例としては、日本的取引慣行としての終身雇用制やメインバンク制などが挙げられる。

解答

1. ×。囚人のディレンマでは、お互いに協力することで利益を高められる場

合であっても、自分の利益を追求することでお互いが非協力的になってしまい、お互いに望ましくない結果に陥ってしまう状況をいう。

2．○。そのほかにも、自動車や家電などで見られる下請制度や、小売・卸とメーカーとの間の取引関係などがある。

11
ゲームの理論の応用
ポイント解説

参入阻止行動をゲーム理論で分析する

伊藤ミクロでは、ゲームの木を用いた分析の応用例として、<u>寡占的市場における参入阻止行動</u>についての説明があります。これはゲーム理論の応用例として重要であるだけでなく、寡占的市場（少数の企業が競争している市場）における企業行動の分析としてもぜひ学んでほしい内容です。

　市場のなかに１つしか企業が存在しないケースを独占、多数の企業が競争しているケースを完全競争や独占的競争としてこれまで扱ってきましたが、少数の企業が互いに相手の反応を気にしながら競争しているような産業も少なくありません。自動車、鉄鋼、通信サービス、銀行業などでは、少数の企業が互いの反応を気にしながら競争を行っています。このような市場を寡占（的）市場と呼びます。寡占市場では、自分が独占的地位を占めている地域や分野に、競合企業が参入してこないように画策することが企業の有力な戦略となります。このような行為を参入阻止行動と呼びます。

　図11-1に、空脅し的な参入阻止行動は、参入阻止の効果を発揮しないことが示されています。詳しくは伊藤ミクロ（320～322ページ）の説明を参照してほしいのですが、要するに、「参入してくれば報復する」というような合理的根拠のない空脅しでは、参入は阻止できないのです。図11-2では、空脅しではなく、<u>コミットメント</u>の効いた参入阻止行動の例が説明されています。コミットメントというのは、相手がしかける前に、相手の出鼻をくじくためにあらかじめ行動を起こすという戦略的行動になります。図11-2にあるように、相

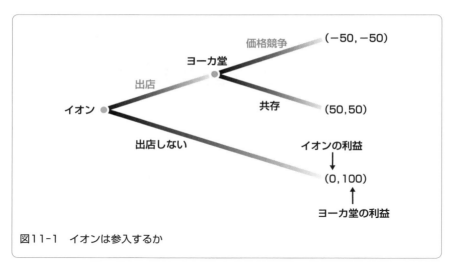

図11-1　イオンは参入するか

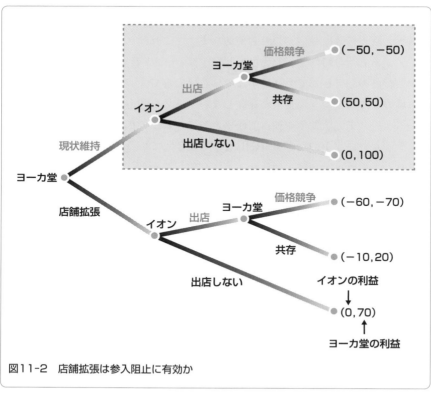

図11-2　店舗拡張は参入阻止に有効か

手が参入してくる前に店舗を拡張するという行動をとり、相手が参入してくれば厳しい競争をせざるをえない状況に自分を追い込んでおけば、相手の企業もそれを見て参入してこなくなる場合があります。詳しい説明は伊藤ミクロ（322〜324ページ）を参照してほしいのですが、この参入阻止の事例を通じて、ゲーム理論におけるコミットメントという考え方の重要性を学んでほしいと思います。

ゲーム理論の応用範囲は広い

　ゲーム理論の考え方は、経済学のさまざまな分野において幅広く利用されています。近年、ミクロ経済学を学ぶうえでゲーム理論の重要性が増していることの背景には、このようなゲーム理論的な考え方の応用範囲の広さがあります。伊藤ミクロでは、ゲーム理論の応用例として、オークションとバーゲニングについて簡単に解説してあります。

　オークション（競り）は、古くから美術品などで活用されてきましたが、近年は実に多くの分野で活用されるようになっています。アメリカ政府が、携帯電話の新しい電波帯をオークションで売りに出したことは世界の注目を集めました。この電波帯のオークション手法の設計には、著名なゲーム理論の学者が参加しました。伊藤ミクロ（336〜340ページ）では、いくつかのオークションのルール例が示され、それが現実のオークションとどのような関係があるのか解説されていますので、参照してください。

　伊藤ミクロではゲーム理論のもう1つの応用例として、バーゲニング（交渉）が取り上げられています。特定の2人の売り手・買い手の間で取引価格に関して厳しい交渉（バーゲニング）が行われることがあります。売り手はできるだけ商品を高く売りたいのですが、買い手はできるだけ安く買いたいと思っています。両者の中間のどこかに折り合う価格が付けばよいのですが、交渉が成立しないと取引は実現せず、買い手・売り手ともに取引機会を失うことになります。バーゲニングの結果、実際の取引価格がどのような所に決まるのかという点について、ゲーム理論を用いた詳細な分析が可能です。入門的な教科書ではこうした高度な理論分析を扱うことはできませんが、伊藤ミクロ（340〜344ページ）では、バーゲニングに関連した考え方がいくつか紹介されていますの

で、参照してください。

11
ゲームの理論の応用
練習問題

確認問題

次の問いのア〜オの空欄に適切な言葉をあてはめなさい。

1. 相手がしかける前に、相手の出鼻をくじくためにあらかじめ行動を起こすといった戦略的な行動を（　ア　）という。こうした行動を起こすことで、自分に有利な結果に持っていこうとするものになる。

2. 相手の行動を前提として、自分にとって好ましい戦略をとり、両者にとって最適な戦略となっている状態は（　イ　）均衡と呼ばれる。お互いが最適な点になっているので、そこから動く理由もなく、均衡たるゆえんになっている。

3. 競り値を上げていくオークションを（　ウ　）・オークションという。ヤフーオークションや築地の魚市場などの競り方式でもある。

4. 競り値を下げていくオークションを（　エ　）・オークションという。花市場や昔のバナナのたたき売りなどで見られる競り方式である。

5. 少数の経済主体が取引条件について交渉を行うことを、一般的に（　オ　）という。こうした交渉では、譲歩を避けるための１つの方法として、客との交渉にあたる担当者に判断の余地を与えないということがある。交渉にあたって交渉代理人を立てるというのも、その交渉を有利に導くための解決方法の１つである。

解答

ア．コミットメント　　イ．ナッシュ　　ウ．イングリッシュ　　エ．ダッチ
オ．バーゲニング

例題 1

　次のようなゲームの木について考えます。このゲームには、企業と政府という2人のプレイヤーがいて、各プレイヤーの利得を最大にするように戦略を選ぶとします。このとき、以下の問いに答えなさい。ただし、利得の左側の数字は企業の、右側の数字は政府の利得とします。

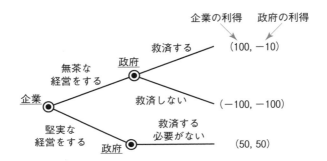

(1)　ナッシュ均衡における企業と政府の戦略の組み合わせはどうなるでしょうか。
(2)　もし、政府が企業を救済しないことを公にしていれば、すなわち、救済しないことにコミットメントして、必ずそれが実行されるとしたら、ナッシュ均衡における企業と政府の戦略の組み合わせはどうなるでしょうか。

解答
(1)　最後のプレイヤーである政府の行動を考える。政府としては、「救済する」場合の利得は−10であるのに対して、「救済しない」場合の利得は−100になるので、利得の大小関係から、企業が「無茶な経営をする」場合は、政府は「救済する」の戦略を選択する。次に、企業の行動を考える。企業は、「無茶な経営をする」と、政府は「救済する」ことが想定できるので、利得は100になる。それに対して、企業が「堅実な経営をする」と利得は50になるため、利得の大小関係から、企業は「無茶な経営をする」という戦略を選択する。
　　したがって、ナッシュ均衡における戦略の組み合わせは、（企業、政府）＝（無茶な経営をする、救済する）になる。
(2)　政府が「救済しない」ということにコミットメントした場合、「救済する」

という政府の選択はなくなる。したがって、企業が「無茶な経営をする」場合は、政府は「救済しない」ため、企業の利得は−100になる。一方で、企業が「堅実な経営をする」場合の利得は50になる。

　したがって、利得の大小関係から、ナッシュ均衡における戦略の組み合わせは、（企業、政府）＝（堅実な経営をする、救済する必要がない）になる。

> **発展**（ミニマックス原理）
>
> 　ゲーム理論では、本書で取り上げられている「囚人のディレンマ」や「ゲームの木」を使った分析のほかに、「ミニマックス原理」を用いて分析する考え方もあります。ミニマックス原理では、プレイヤーが最悪な事態を想定し、それを避けるために、選べる戦略のなかでも利得が最大になるような戦略を選ぶという行動をとります。
>
> 　次の例題で、この点を確認してみましょう。

例題2

　企業Aと企業Bの2社のプレイヤーを考えます。それぞれの戦略は U と D、L と R とします。また、表のなかの数字は企業Aの利得とします。ここでは、ゼロサムゲーム（企業Aの利得と企業Bの利得を足し合わせると、利得がゼロになるゲーム）を考えます。したがって、企業Bの利得は、表のなかの企業Aの利得にマイナスを付けたものになるとします。ミニマックス原理で2つの企業が戦略を選んだとき、2つの企業はどの戦略を選ぶでしょうか。

企業A ＼ 企業B	L	R
U	6	3
D	4	5

解答

　まず、企業Aについて考える。企業Aが U を選んだときの最悪な事態の利得（最小の利得）は、（企業Bが R を選んだときの）3である。一方、企業Aが D を選んだときの最悪な事態の利得（最小の利得）は、（企業Bが L を選んだと

きの）4である。したがって、企業Aは最悪な事態を避けるために、利得が最大となる（この場合は、3と4を比べてより大きな利得の4となる）戦略 D を選ぶということになる。

　次に、企業Bについて考える。ここで注意するべきは、企業Bの利得である。ゼロサムゲームであるため、企業Bの利得は、表のなかのすべての数字にマイナスを付けたものになる（例えば、企業Aが戦略 U を、企業Bが戦略 L を選んだときの企業Bの利得は、－6になる）。このとき、企業Bが L を選んだときの最悪な事態の利得（最小の利得）は、（企業Aが U を選んだときの）－6になる。一方、企業Bが R を選んだときの最悪な事態の利得（最小の利得）は、（企業Aが D を選んだときの）－5になる（表の利得は企業Aのもので、ゼロサムゲームであることから、企業Bの利得は、表のそれぞれの利得にマイナスを付けたものになることに注意してほしい）。したがって、企業Bは最悪な事態を避けるために、利得が最大となる（この場合は、－6と－5を比べてより大きな利得の－5となる）戦略 R を選ぶということになる。

　よって、ミニマックス原理によって戦略を選んだとき、企業Aは戦略 D、企業Bは戦略 R を選ぶ組み合わせになる。

練習問題1

　近所トラブルの問題を考えます。太郎君と花子さんの2人は、何となく仲良く親切でありたいとは思っているのですが、ついつい意地悪を重ねてしまっている状況だとします。

　ここで、次のようなゲームを考えます。太郎君が親切にし、花子さんもその親切に対応してくれると、互いに気持ちよく双方10の利得になるとします。また、太郎君が親切に対応しても、花子さんが意地悪をすると、太郎君は気分が悪く－5、花子さんは気分が晴れて5の利得になるとします。その反対の行動をとったときには、太郎君は気分が晴れて5、花子さんは気分を害して－5の利得になるとします。さらに、双方が意地悪をすると、実被害と気分が晴れるのが相殺され、ゼロの利得になると仮定します。

＊この問題は、『マンガでわかるゲーム理論——なぜ上司は仕事をサボるのか？　近所トラブルはどうして悪化するのか？』（ポーポー・ポロダクション、SBクリエイティブ、2014年）をもとに作りました。

(1) それぞれが自分の利得を最大にするように戦略を選ぶものとします。このとき、ナッシュ均衡ではそれぞれはどういう戦略を選ぶでしょうか。ただし、左側の数字は太郎君の、右側の数字は花子さんの利得を示しています。

		花子さん	
		親切にする	意地悪をする
太郎君	親切にする	(10, 10)	(−5, 5)
	意地悪をする	(5, −5)	(0, 0)

(2) では、相手に意地悪をされたときに不快になる気持ちだけを残すのではなく、自分にご褒美をあげるなどして利得をゼロ以上（（意地悪をする、意地悪をする）の利得よりも上）にするとどうなるでしょうか。例えば、下のゲームのように1にした場合に、それぞれが自分の利得を最大にするように戦略を選ぶものとします。このとき、ナッシュ均衡はどうなるでしょうか。

		花子さん	
		親切にする	意地悪をする
太郎君	親切にする	(10, 10)	(1, 5)
	意地悪をする	(5, −5)	(0, 0)

解答

(1) 花子さんが「親切にする」を選んだとき、太郎君の最適な戦略は「親切にする」を選ぶことである。また、花子さんが「意地悪をする」を選んだとき、太郎君の最適な戦略は「意地悪をする」を選ぶことである。一方、太郎君が「親切にする」を選んだとき、花子さんの最適な戦略は「親切にする」を選ぶことである。また、太郎君が「意地悪をする」を選んだとき、花子さんの最適な戦略は「意地悪をする」を選ぶことである。したがって、太郎君と花子さんの戦略の組み合わせは、（親切にする、親切にする）と（意地悪をする、意地悪をする）になる。

(2) 花子さんが「親切にする」を選んだとき、太郎君の最適な戦略は「親切にする」を選ぶことである。また、花子さんが「意地悪をする」を選んだとき

でも、太郎君の最適な戦略は「親切にする」を選ぶことである。一方、太郎君が「親切にする」を選んだとき、花子さんの最適な戦略は「親切にする」を選ぶことである。また、太郎君が「意地悪をする」を選んだとき、花子さんの最適な戦略は「意地悪をする」を選ぶことである。したがって、太郎君と花子さんの戦略の組み合わせは、（親切にする、親切にする）になる。つまり、太郎君と花子さんの戦略の組み合わせである（意地悪をする、意地悪をする）はナッシュ均衡ではなくなる。なぜならば、花子さんが「意地悪をする」を選んだとき、太郎君は「意地悪をする」ことよりも「親切にする」ことを選ぶからである。

補足

　トラブルから抜け出すためにはどうしたらよいのでしょうか。初期の段階で話し合いをして（親切にする、親切にする）の組み合わせをとるか、もしくは相手に意地悪をされたときに不快になる気持ちだけを残すのではなく、自分にご褒美をあげるなどして利得をゼロ以上にすることです。すると、意地悪をするという選択肢を選ばなくなり、ナッシュ均衡は（親切にする、親切にする）という組み合わせだけになります。このように、利得を変えてゲームを変化させてしまうことも有効であることを、ゲーム理論は教えてくれるのです。

練習問題2

　企業Aと企業Bの2社のプレイヤーを考えます。それぞれの戦略は①と②、③と④とします。また、表のなかの数字は企業Aの利得とします。ここでは、ゼロサムゲーム（企業Aの利得と企業Bの利得を足し合わせるとゼロになるゲーム）を考えます。したがって、企業Bの利得は、表のなかの企業Aの利得にマイナスを付けたものになるとします。このとき、ミニマックス原理で2つの企業が戦略を選んだとき、2つの企業はどの戦略を選ぶでしょうか。

企業A＼企業B	③	④
①	50	−20
②	60	−30

解答

　まず、企業Aについて考える。企業Aが①を選んだときの最悪な事態の利得（最小の利得）は、（企業Bが④を選んだときの）−20である。一方、企業Aが②を選んだときの最悪な事態の利得（最小の利得）は、（企業Bが④を選んだときの）−30である。したがって、企業Aは最悪な事態を避けるために、利得が最大となる（この場合は、−20と−30を比べてより大きな利得の−20となる）戦略①を選ぶということになる。

　次に、企業Bについて考える。ここで注意するべきは、企業Bの利得である。ゼロサムゲームであるため、企業Bの利得は、表のなかのすべての数字にマイナスを付けたものになる（例えば、企業Aが戦略①を、企業Bが戦略③を選んだときの企業Bの利得は、−50になる）。このとき、企業Bが③を選んだときの最悪な事態の利得（最小の利得）は、（企業Aが②を選んだときの）−60になる。一方、企業Bが④を選んだときの最悪な事態の利得（最小の利得）は、（企業Aが①を選んだときの）20になる（表の利得は企業Aのもので、ゼロサムゲームであることから、企業Bの利得は、表のそれぞれの利得にマイナスを付けたものになることに注意してほしい）。したがって、企業Bは最悪な事態を避けるために、利得が最大となる（この場合は、−60と20を比べてより大きな利得の20となる）戦略④を選ぶということになる。

　よって、ミニマックス原理によって戦略を選んだとき、企業Aは戦略①、企業Bは戦略④を選ぶ組み合わせになる。

練習問題 3

　企業Aと企業Bの2社のプレイヤーを考えます。それぞれの戦略は①と②、③と④とします。また、左右の数字はそれぞれ、企業Aと企業Bの利得を表わしています。このとき、以下の問いに答えなさい。

企業A ＼ 企業B	③	④
①	(3, −3)	(−5, 5)
②	(2, −2)	(−4, 4)

(1)　それぞれが自分の利得を最大にするように戦略を選ぶものとします。このとき、ナッシュ均衡ではそれぞれのプレイヤーはどういう戦略を選

ぶでしょうか。

(2) ミニマックス原理で２つの企業が戦略を選んだとき、それぞれのプレイヤーはどういう戦略を選ぶでしょうか。

解答

(1) 企業Ｂが戦略③を選んだとき、企業Ａの最適な戦略は「戦略①」を選ぶことである。また、企業Ｂが戦略④を選んだとき、企業Ａの最適な戦略は「戦略②」を選ぶことである。一方、企業Ａが戦略①を選んだとき、企業Ｂの最適な戦略は「戦略④」を選ぶことである。また、企業Ａが戦略②を選んだとき、企業Ｂの最適な戦略は「戦略④」を選ぶことである。したがって、ナッシュ均衡における企業Ａと企業Ｂの戦略の組み合わせは、（戦略②、戦略④）になる。

(2) まず、企業Ａについて考える。企業Ａが戦略①を選んだときの最悪な事態の利得（最小の利得）は、（企業Ｂが戦略④を選んだときの）－５である。一方、企業Ａが戦略②を選んだときの最悪な事態の利得（最小の利得）は、（企業Ｂが戦略④を選んだときの）－４である。したがって、企業Ａは最悪な事態を避けるために、利得が最大となる（この場合は、－５と－４を比べてより大きな利得の－４となる）戦略②を選ぶということになる。

次に、企業Ｂについて考える。企業Ｂが戦略③を選んだときの最悪な事態の利得（最小の利得）は、（企業Ａが戦略①を選んだときの）－３になる。一方、企業Ｂが戦略④を選んだときの最悪な事態の利得（最小の利得）は、（企業Ａが戦略②を選んだときの）４になる。したがって、企業Ｂは最悪な事態を避けるために、利得が最大となる（この場合は、－３と４を比べてより大きな利得の４となる）戦略④を選ぶということになる。

よって、ミニマックス原理によって戦略を選んだとき、企業Ａは戦略②、企業Ｂは戦略④を選ぶ組み合わせになる。

○×問題

1. 囚人のディレンマにおけるナッシュ均衡では、お互いが最適反応した結果になっていない。

2. 競り値を上げていくオークションは、イングリッシュ・オークション

と呼ばれる。

3．バナナの叩き売りのように、競り値を下げていくオークションは、ダッチ・オークションと呼ばれる。

4．競り値を上げていくオークションでは、一番高い競り値を出した人が競り落として、その人がその金額を支払う場合、合理的であれば、自分の評価額よりも少し低い金額を付ける。

5．競り値を上げていくオークションでは、一番高い競り値を出した人が競り落として、その人が2番目に高い金額を付けた人の金額を支払う場合、合理的であれば、自分の評価を正直に付ける行動に出る。

解答

1．×。ナッシュ均衡は、お互いが最適反応した結果になっている。ただ、囚人のディレンマは、パレート最適な状態にはなっていない。

2．○。

3．○。

4．○。

5．○。

12

市場の失敗
ポイント解説

競争的市場で資源配分の最適性が実現しない場合が多々ある

　本章では、市場の資源配分機能を乱す「市場の失敗」について学びます。市場の失敗の事例は多々ありますが、その代表的ケースとして「外部効果（外部性）」、「費用逓減産業」、「公共財」について、この章で学びます。

　現実の世界でも、市場の失敗は重要な政策課題となります。環境汚染や地球環境破壊などの問題は、市場の失敗のもっとも典型的な事例です。市場の失敗は環境問題以外にも、経済のさまざまな分野に顔を出してきます。

　市場の失敗が生じるのは、価格が（真の）限界費用と一致しなかったり、価格が消費者の真の限界効用（限界的評価を金銭価値で表わしたもの）を反映していなかったりするからです。上で述べた市場の失敗の3つのケースは、すべてこれに対応します。

大気汚染の例を用いて外部効果について学ぼう

　伊藤ミクロでは、自動車の利用によって生じる大気汚染の例を用いて外部効果について説明しています。人々が自動車を利用すれば、移動手段に利用できるという通常の自動車のメリット以外に、排気ガスによって大気が汚染されるという副次的な影響が出ます。この大気汚染が外部効果を引き起こします。

　経済にとって自動車利用のための真の限界費用（社会的限界費用といいます）は、自動車を生産するための限界費用以外に、大気汚染が生み出す社会的な費

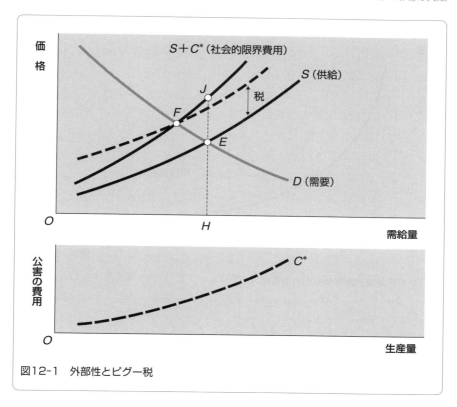

図12-1　外部性とピグー税

用も含めて考えなくてはなりません。しかし、自動車を生産している企業も、そして自動車を利用している消費者も、そうした大気汚染の影響を十分に考慮しないで行動しているので、市場で成立している価格には、この大気汚染の費用が含まれないことになります。

　自動車のケースで正しい資源配分は、大気汚染の効果も含めて、社会的な自動車の限界便益と限界費用が等しくなることで実現できます。そのためには、自動車の利用に関して環境汚染の社会的コストを、税（ピグー税）などの形で調整する必要が生じます。この点については、伊藤ミクロでは図12-1を用いて詳しく説明しています。

　伊藤ミクロでは、自動車による大気汚染を例に外部効果について説明していますが、外部効果にはこのほかにもさまざまな例があります。また、大気汚染のように経済に悪い効果が及ぶ外部効果（これを<u>負の外部効果</u>、あるいは<u>外部不</u>

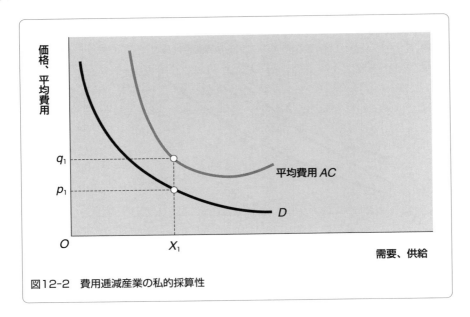

図12-2　費用逓減産業の私的採算性

経済と呼ぶことがあります）以外に、経済に良い効果が及ぶ外部効果（これを正の外部効果、あるいは外部経済と呼ぶことがあります）の例もあります。外部経済の場合には、好ましい効果が市場取引に十分に反映されていないので、それを促進するための補助金などが必要になってきます。

　伊藤ミクロでは、外部経済の事例として、産業内で技術などの波及があるケースや、通信事業などに見られる、ネットワークが拡大するほどネットワークの価値が高まるネットワークの外部性の事例が示されています。ちなみに、技術革新や技術波及は外部経済の重要な事例となります。

費用逓減産業では、価格は限界費用よりも高くなる

　生産規模が拡大するほど、平均費用が下がっていく産業の例は少なくありません。鉄鋼業や自動車産業のような規模の経済性が働く産業や、鉄道事業のように巨大な設備を要する産業などがその例です。このような産業の特徴は、限界費用が平均費用よりも低くなることです（これは重要な点です。Part 1でこの点について学びました。再度、確認してください）。

　また、図12-2と図12-3を用いて、「費用逓減産業は私的運営では採算が合

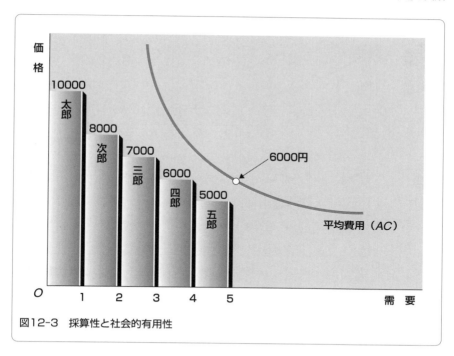

図12-3　採算性と社会的有用性

　わないが、社会的にはそのような産業が存続することの意義が大きい」、とい
う事例を説明してあります。この2つの図と伊藤ミクロの説明を読んで、この
点を確認してください。

　これまで何度か学んできたように、社会的に資源配分が最適になるためには、
価格が限界費用に等しくなること、それによって消費者の限界的評価が限界費
用に等しくなることが必要でした。しかし、費用逓減産業では、平均費用が限
界費用よりも高くなるので、限界費用に等しく設定された価格は平均費用より
も低くなり、私的企業では採算が合わなくなるのです。巨額な固定設備の存在
などがこのような問題を引き起こしますが、鉄道事業などはその典型的な例と
いってよいと思います。

　費用逓減産業の下で「正しい料金」を設定するための考え方が伊藤ミクロで
解説されています。公共料金の体系を考えるさいにも、この考え方が活用され
ます。伊藤ミクロでは二部料金制度などにも触れてありますので、それも参照
してください。

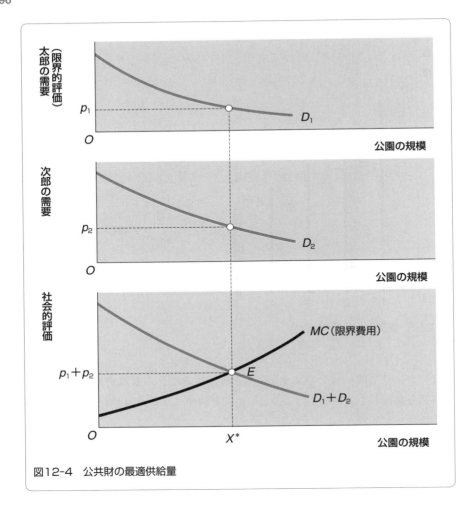

図12-4 公共財の最適供給量

公共財は非競合性と非排除性を持っている

　消費の非競合性と非排除性という２つの性質を持っている財を<u>公共財</u>（正確には純粋公共財）と呼びます。具体的な例として、すばらしい自然環境を維持するための国立公園のようなものを想定してください。<u>非競合性</u>とは、誰かがその財やサービスを消費したからといって、ほかの人がその消費を妨げられることがないということです。国立公園には競合性はありません。<u>非排除性</u>とは、誰かがその財やサービスを消費することを排除できないという性格です。国立

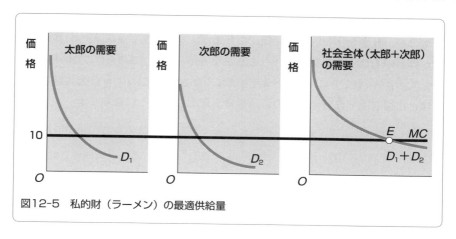

図12-5　私的財（ラーメン）の最適供給量

　公園の存在はすべての国民がその恩恵を受けるものであり、その意味で排除性
はないのです。非競合性や非排除性という性格を持った公共財は、競合性や排
除性という性格を持った通常の私的財のように、通常の市場では資源配分の最
適性が保証されません。

　現実の世界では、公共財的な性格を持った多くの財やサービスがありますが、
上記のような非競合性と非排除性を厳格に満たしているわけではありません。
ただ、多少なりともこのような性質を持った財やサービスは公共財的な性格を
有しており、伊藤ミクロで示したような分析を適用することができます。例え
ば、地域の公園はある程度の非排除性と非競合性を持っていますが、公園の利
用者がある程度以上になれば混雑が生じます。その意味で非競合性は完全では
ありませんが、それでも公園は公共財的な性質を持ったものとして扱うことが
できます。

　図12-4と図12-5は、公共財と私的財の最適配分を比較したものです。詳
しくは伊藤ミクロの説明を参照してほしいのですが、その要点はおおよそ次の
ようなものです。まず私的財ですが、図12-5にあるように、市場全体の需要
は、個々の消費者の需要を横に足し合わせたものになります。この場合、市場
価格は1人ひとりの消費者の限界的評価に等しくなり、市場取引の下で1人ひ
とりの消費者の限界的評価がその財の限界費用に等しくなるという、資源配分
の最適条件が市場取引のなかで成立します。これに対して公共財の場合には、
図12-4に示したように、個々の消費者の限界的な評価を縦方向に足し合わせ

たものが、社会全体の限界的評価になります。なぜなら、ある人の公共財の消費がほかの人のその消費を妨げることがないからです（この点はこの問題のエッセンスですが、わかりにくいのでよく考えてください）。このような公共財の場合には、市場取引では資源配分の最適性は実現しないことになります。

12
市場の失敗
練習問題

確認問題

　次の問いのア〜ケの空欄に適切な言葉をあてはめなさい。また、①と②
については正しいものを選びなさい。

1. 自由な経済活動によって、つねに最適な資源配分が達成されるわけで
　はない。市場での自由な取引だけでは望ましい資源配分が実現できない
　状況を（　ア　）という。

2. 企業や消費者の経済活動が、他の経済主体に直接、間接に影響を及ぼ
　すことを（　イ　）効果という。また、他の経済主体に利益を及ぼすよ
　うな場合は（　ウ　）効果といい、悪い影響を及ぼす場合は（　エ　）
　効果という。

3. 外部効果がある場合、一般的には最適な資源配分は実現できない。し
　かし、例えば企業の垂直統合や合併・買収などのように、外部効果の
　（　オ　）化など企業の工夫により、外部効果によって生じる問題を回
　避することもできる。

4. ある製品やシステムを利用する人が増えるほど、その商品やシステム
　の価値が高まってくる現象を（　カ　）の外部性という。パソコンの
　OS や電話サービスなどはその例である。

5. 生産規模が拡大するほど、単位生産当たりの生産費用が次第に低下し
　ていく産業を（　キ　）産業という。こうした産業の例として、鉄道や
　鉄鋼、石油化学のような巨大な初期投資を必要とする産業が挙げられる。

6. 公共財とは、多くの人が同時に消費できるという、消費における

（　ク　）性と、対価を支払っていないからといってその消費ができないわけではないという、消費における（　ケ　）性という２つの性質を持った財である。

7．私的財の場合は、市場全体の評価は各人の需要曲線を（①　縦・横）に足し合わせて求めることができるのに対して、公共財の場合は、市場全体の評価は各人の需要曲線を（②　縦・横）に足し合わせて求めることができる。

解答
ア．市場の失敗　　イ．外部　　ウ．正の外部　　エ．負の外部
オ．内部　　カ．ネットワーク　　キ．費用逓減　　ク．非競合
ケ．非排除（排除不可能）　　①横　　②縦

例題 1

　次のページの図のように需要曲線、私的限界費用曲線、社会的限界費用曲線が与えられているとします。このとき、以下の問いに答えなさい。ただし、この財は競争的に供給されているものとします。

(1)　いま、この財の需要や供給にいっさいの規制がないとすると、供給量および価格はどの大きさになるでしょうか。記号で表わしなさい。

(2)　(1)の場合における消費者余剰、生産者余剰、外部効果による損失はどの大きさになるでしょうか。また、総余剰はどの大きさになるでしょうか。その結果、厚生の損失はどの大きさになるでしょうか。記号で表わしなさい。

(3)　社会的に総余剰を最大化するような供給量および価格はどの大きさになるでしょうか。記号で表わしなさい。

(4)　(3)の場合における消費者余剰、生産者余剰、外部効果による損失はどの大きさになるでしょうか。また、総余剰はどの大きさになるでしょうか。記号で表わしなさい。

(5)　(3)の状態を実現するために、ピグー税を導入して生産を抑制した場合、１単位当たりの生産に対してどのくらいの大きさの課税をすればよいでしょうか。記号で表わしなさい。

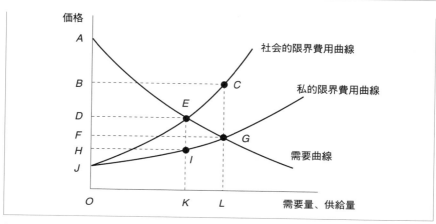

解答

(1) 企業自身のコストは私的限界費用なので、この場合は需要曲線と私的限界費用曲線の交点 G で供給量および価格が決定する。したがって、需給量は OL であり、価格は OF となる。

(2) 消費者余剰 $= AFG$、生産者余剰 $= FGJ$。また、社会的コストを加味したものが社会的限界費用曲線なので、外部効果による損失（厚生の損失）は、供給量 OL までの社会的限界費用が私的限界費用を上回った大きさである CGJ となる。したがって、総余剰 $=$ 消費者余剰 $+$ 生産者余剰 $-$ 外部効果による損失 $= AEJ - CGE$ となる。社会的に望ましい需給量は OK であり、社会的限界費用（社会的限界費用の縦の長さ）が限界便益（需要曲線の縦の長さ）を上回っている分だけ、厚生の損失が生じていることになる。

(3) 社会的に総余剰を最大化する供給量は、需要曲線と社会的限界費用曲線の交点 E での供給量 OK となる。また、そのときの価格は OD となる。

(4) 消費者余剰 $= AED$、生産者余剰 $= DEIJ$（企業の総収入は $ODEK$ であり、可変費用は、私的限界費用曲線の下側の面積 $OJIK$ なので、生産者余剰はその差になる）。また、外部効果による損失 $= JIE$。したがって、総余剰 $=$ 消費者余剰 $+$ 生産者余剰 $-$ 外部効果による損失 $= AEJ$。

(5) 供給量1単位当たり EI のピグー税であれば、効率的な供給量を実現できる。この場合、次のページの図を用いると、消費者余剰 $= AED$、生産者余剰 $= HIJ$（供給量が OK であり、生産者の受取価格が OH であるため）、政府

の税収 ＝ □*DEIH*、外部効果による損失 ＝ *JIE*。よって、総余剰 ＝ 消費者余剰＋生産者余剰＋政府の税収−外部効果による損失 ＝ *AEJ* となる。

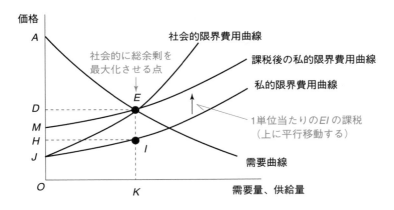

例題 2

次のページの図は、費用逓減産業における企業の平均費用曲線と限界費用曲線を描いたものです。また、需要曲線が図のように与えられているとき、以下の問いに答えなさい。

(1) 社会的に最適な（総余剰を最大化する）生産量の水準はいくつでしょうか。また、そのときの価格はいくつになるでしょうか。記号で表わしなさい。

(2) (1)のときの消費者余剰、生産者余剰、総余剰はどの面積で表わすことができるでしょうか。記号で表わしなさい。

(3) 限界費用価格形成原理に基づいた行動をした場合の生産量および価格はいくつになるでしょうか。記号で表わしなさい。

(4) (3)の場合には、企業に損失が出ます。この赤字はどの面積に相当するでしょうか。記号で表わしなさい。

(5) (4)の赤字の大きさを政府が補助金でまかなおうとするとき、この財の生産を補助するにあたって、どの面積と比べて補助金の大きさが小さければ経済的に正当化できるでしょうか。

(6) この企業が独立採算を維持できるような価格を設定したとき、その価

格および生産量はどのくらいになるでしょうか。記号で表わしなさい。

(7) (6)による総余剰はどの面積になるでしょうか。また、厚生の損失はどの面積になるでしょうか。

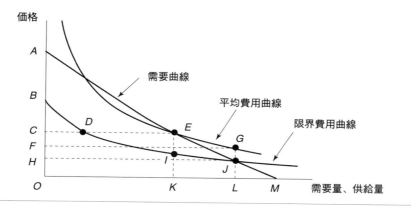

解答

(1) 総余剰を最大化させる生産量では、価格と限界費用が一致している。したがって、需要曲線と限界費用曲線の交点である J 点における生産量になり、生産量は OL となる。また、そのときの価格は OH である。

(2) 消費者余剰 $= AJH$（消費者余剰は、消費者が支払ってもよいとする金額である $OAJL$ から、実際に支払った金額である □$OHJL$ を差し引いた大きさになる）、生産者余剰 $= -BJH$（生産者余剰は、総収入である □$OHJL$ から可変費用（これは限界費用を累積したもの）の大きさである $OBJL$ を差し引いた大きさになる）、総余剰 = 消費者余剰 + 生産者余剰 $= AJB$。

(3) 限界費用価格形成原理は、価格を限界費用に等しくなるように設定するというものなので、需要曲線と限界費用曲線の交点 J で生産量や価格が決まる。これは、(1)と同じになり、生産量は OL、価格は OH である。

(4) 生産量が OL の場合、企業の総収入は □$OHJL$ となる。一方、総費用は平均費用 GL に生産量 OL を掛けたものなので、□$OFGL$ となる。企業の利潤は総収入から総費用を差し引いたもので、この大きさは $-$□$FGJH$ になり、赤字になる。

(5) 企業の赤字の大きさが、消費者余剰と比べて小さければ、経済的に正当化できる。この場合、消費者余剰は AJH で表わされる。

(6) 独立採算を維持できるような価格設定のあり方は、平均費用価格形成原理といわれる。これを採用した場合、採算はとれるが、限界費用よりも高い価格設定がなされるので、資源配分の観点からは過小生産となる。この場合、需要曲線と平均費用曲線の交点 E における価格や生産量になる。したがって、価格は OC、生産量は OK となる。

(7) 消費者余剰は AEC で表わされる一方、生産者余剰は $DEI - DBC$ で表わされる。なぜなら、生産者余剰は総収入である □$OCEK$ から可変費用（これは限界費用を累積したもの）の大きさである $OBIK$ を差し引いたものだからである。また、総余剰は消費者余剰と生産者余剰を足し合わせたものであるので、$AEIB$ で表わすことができる。最後に、厚生の損失は、総余剰を最大化したときの面積が AJB であることから、EJI で表わされることがわかる。

例題 3

　太郎君と花子さんの 2 人しかいない経済を考えます。公園の規模に対して 2 人が支払ってもよいと思う金額が下の表のようになっていたとします。このとき、以下の問いに答えなさい。

公園の規模	太郎君の限界的評価	花子さんの限界的評価
5アール	300円	240円
10アール	200円	170円
15アール	150円	110円
20アール	80円	60円
25アール	60円	20円
30アール	50円	0円

(1) 公園が公共財であるとして、市場の需要曲線はどのように描けるでしょうか。

(2) 公園を作るための限界費用および平均費用が260円であった場合、この公園の最適供給量はいくつで、2 人はそれぞれいくらを支払うことになるでしょうか。ただし、フリーライダーは存在しないとします。

解答

(1)　2人の公共財に対する限界的評価は、それぞれの需要量における2人の限界的評価を足し合わせて求めることができる。例えば、公園の規模が5アールであれば、太郎君の限界的評価は300円であり、花子さんの限界的評価は240円なので、5アールの規模に対する2人の限界的評価は540円（＝300円＋240円）となる。同様にして、公園の規模が10アールであれば、太郎君の限界的評価は200円であり、花子さんの限界的評価は170円になるので、2人の限界的評価は370円（＝200円＋170円）となる。これを繰り返すと、下のような表が得られる。

公園の規模	社会的評価（2人の限界的評価）
5アール	540円 （＝300円＋240円）
10アール	370円 （＝200円＋170円）
15アール	260円 （＝150円＋110円）
20アール	140円 （＝80円＋60円）
25アール	80円 （＝60円＋20円）
30アール	50円 （＝50円＋0円）

　　これを表わした市場の需要曲線は、次ページの図cのように描ける。公共財の場合には、市場全体の評価は、各人の需要曲線を縦方向に足し合わせることで求められる。これは、公共財が、いったん供給されると皆が同じ量だけ消費することができ、ほかの人の消費を妨げることができない（消費の非競合性）という性質を持つためである。

(2)　公共財の最適供給量は、市場の需要曲線と限界費用曲線の交点になる。したがって、限界費用が260円なので、図cより、最適な公園の規模は15アールになる。また、この公園を作るにあたっては、それぞれの限界的評価の大きさから、1アール当たり太郎君が150円を負担し、花子さんが110円を負担することが望ましいということになる。

補足

　　私的財の場合には、各消費者の需要を水平方向に足し合わせることで、市場全体の需要量を求めることができます（第2章を参照のこと）。

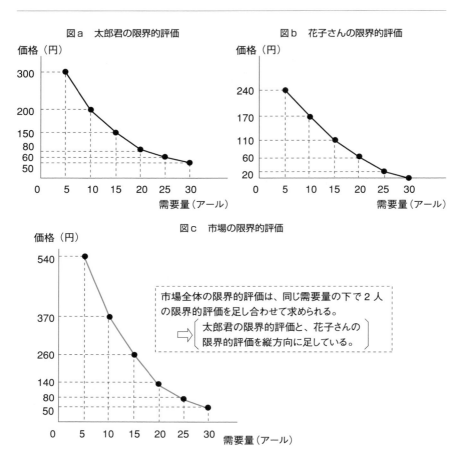

図a　太郎君の限界的評価

図b　花子さんの限界的評価

図c　市場の限界的評価

市場全体の限界的評価は、同じ需要量の下で2人の限界的評価を足し合わせて求められる。

⇨　太郎君の限界的評価と、花子さんの限界的評価を縦方向に足している。

練習問題 1

　費用逓減産業について考えます。ある独占市場における需要曲線が、

$$D = 100 - p \quad (D:需要量、p:価格)$$

で表わされ、企業の総費用曲線が、

$$C = 10X + 180 \quad (C:総費用、X:生産量)$$

で示されるとき、以下の問いに答えなさい。

(1) 社会的に最適な生産量（総余剰を最大化する生産量）の水準を求めなさい。

(2) この財の価格が限界費用価格形成原理に基づくとき、その生産量およ

　　び価格はいくらになるでしょうか。また、そのときの企業の損失（マイ
　　ナスの利潤）はいくつになるでしょうか。
　(3)　この財の生産を補助することは経済的に望ましいでしょうか、望まし
　　くないでしょうか。

解答

(1)　総余剰を最大化する生産量は、価格と限界費用が一致するところの生産量
になる。したがって、需要曲線（$D = 100 - p$）と限界費用曲線（限界費用 $= 10$、
これは総費用を生産量で微分することで求められる）との交点になるので、下
の図のように最適な生産量は90になる。また、そのときの価格は10である。

(2)　限界費用価格形成原理では、価格が限界費用と等しいところで決まる。こ
の場合、需要曲線と限界費用曲線の交点となるので(1)と同じ値になり、生産
量は90、価格は10になる。また、そのときの企業の利潤は、総収入が、900
（$= 90 \times 10$）、総費用が1080（$= 90 \times 12$、生産量90の平均費用は12なので）とな
るため、-180（$= 900 - 1080$）となる。したがって、企業の損失は180になる。

(3)　消費者余剰は4050であり、企業が90だけ生産するときの損失額は180なの
で、消費者余剰が補助金額を上回っていることから、この生産を補助するこ
とは社会的に望ましい。

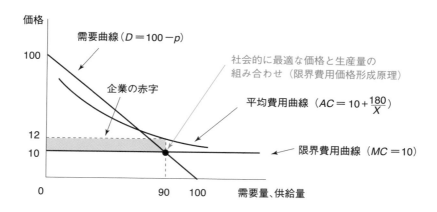

練習問題 2

　公共財とはどういった財のことであるか。簡単に説明しなさい。

解答

　公共財とは、①消費の非競合性と②消費の非排除性を持った財をいう。①は、消費している人については全員が同じ量だけ消費できるということ。また、②は、コストを負担していない人を消費から排除することができないということである。この2つの性質を持った財を公共財という。この例としては、国防や外交などがあげられる。

　こうした公共財の性質から、人々はコストを負担せずに利用しようとする、フリーライダーになるインセンティブを持つ。このため、公共財の供給を市場のメカニズムにゆだねた場合、市場での需要が個々の消費者の限界的評価を必ずしも反映せずに、供給量は過小なものとなり、効率的な資源配分が実現できなくなる。

○×問題

1．ある経済主体の行動が、他の経済主体に影響を及ぼす効果を外部効果という。
2．外部効果が存在する場合に市場の失敗が引き起こされるのは、外部効果を取引する市場がないからである。
3．外部経済が存在するとき、供給量は最適なものと比べると過小になる。一方、外部不経済が存在するとき、供給量は最適なものと比べると過大になる。
4．汚染を減らすためにピグー税を課した場合、課税によって生じる死荷重のほうが大きくなってしまう場合にはピグー税はやめたほうがいい。
5．外部効果がある場合、政府による介入であるピグー税や補助金のほかに、取引コストがかからなければ、利害関係者の間の自主的な話し合いという方法で効率性を実現できる。

解答
1．○。
2．○。
3．○。
4．×。ピグー税は死荷重を生むものではなく、資源配分を効率的なものにす

るものである。

5．〇。取引コストがかからなければ、当事者どうしの話し合いによって資源を配分することで効率的な結果をもたらすことができるというのは、コースの定理と呼ばれる。

【まとめ】

　外部効果と市場の失敗について表わした関係図は下のようになります。外部効果には、直接影響を与えるものと、市場価格の変化を通じて影響を与えるものの2つがあります。市場の失敗は、ある経済主体の行動が他の経済主体の経済厚生に、市場価格の変化を通じたものではなく、直接影響を与えた場合に生じます。

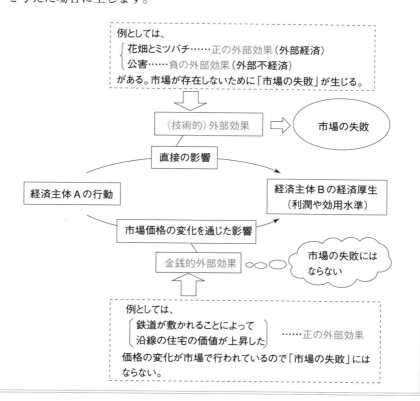

例としては、
　花畑とミツバチ……正の外部効果（外部経済）
　公害……負の外部効果（外部不経済）
がある。市場が存在しないために「市場の失敗」が生じる。

（技術的）外部効果 ⇒ 市場の失敗

直接の影響

経済主体Aの行動

経済主体Bの経済厚生
（利潤や効用水準）

市場価格の変化を通じた影響

金銭的外部効果

市場の失敗には
ならない

例としては、
　鉄道が敷かれることによって
　沿線の住宅の価値が上昇した
　　　　　　　……正の外部効果
価格の変化が市場で行われているので「市場の失敗」にはならない。

13
不確実性とリスク
ポイント解説

経済のなかにはさまざまなリスクが隠れている

　経済のなかにはさまざまな<u>リスク（危険）</u>が隠れています。企業が行う投資には大きな損失を被るリスクがありますし、住宅の購入や職業の選択など、消費者がとる行動にもリスクが伴います。また、株式など資産への投資にもリスクが伴います。このようなリスクについて、経済学ではいろいろな角度から分析が行われています。金融工学やファイナンスの理論では、金融市場におけるリスクの性質やそれへの対応について詳しい研究が行われており、金融の実務などにも幅広く応用されています。この章では、こうしたリスクやそれへの対応について、ごく初歩的な経済学の考え方を学びます。

　リスク（危険）への対応としてもっとも一般的なものは、<u>危険分散</u>という考え方です。これは、リスクをできるだけ多くの人で分け合うということです。保険という商品もこうした考え方から出ています。

　保険を使ってリスクに対応する1つの限界として、伊藤ミクロ（382〜384ページ）では<u>モラルハザード</u>という現象を説明しています。これは、保険でカバーされるので、危険を軽減するような行動をとらなくてもよいと考えて人々が行動すると、リスクの社会的コストが大きくなってしまう現象です。モラルハザードはミクロ経済学で重要な概念ですが、この章以外に次の第14章でも取り上げます。

　伊藤ミクロでは、表13−1にあるようなコンビニエンス・ストアの契約形態の類型を使って、<u>労働契約やフランチャイズ契約</u>の形態には、取引に潜んでい

表13-1　コンビニエンス・ストアの3つの契約形態	
賃金契約	店の従業員を本部が雇用し、一定の賃金を支払い、働いてもらうシステム（本部直営店のケース）
利益分割方式	店の収益の一定割合をフランチャイズ料として本部に支払うシステム
定額フランチャイズ方式	店の収益とは関係なく、毎月一定の金額がフランチャイズ料として、店から本部に支払われるシステム

　るリスクへの対応が織り込まれていることを説明しています。伊藤ミクロ（385〜387ページ）の説明を見ながら、賃金契約や利益分割方式などの契約形態の違いによって、フランチャイズ契約をした経済主体がどのようなリスクに直面するのか確認してください。

期待効用最大化という考え方を学ぼう

　期待効用最大化という考え方を理解する前提として、期待所得という考え方ではリスクの問題を正しく扱えないということを理解する必要があります。伊藤ミクロ（387〜389ページ）で説明しているセントペテルスブルクの逆説は、期待所得という考え方の問題点を指摘した事例です。

　リスクの存在する世界では、人々は高い所得の状態と低い所得の状態に異なった評価をし、それがリスクへの態度に表われてきます。期待所得という考え方では、この現象をとらえることはできません。図13-1に、ギャンブラーと堅実主義者の例として、リスクにまったく正反対の対応をする人が取り上げられています。危険を好んで受け入れるギャンブラーは、この図では所得が増えるほど効用が逓増的に増える人として扱うことができ、危険を回避しようとする堅実主義者は、所得が増えても効用は逓減的にしか増えない人として扱うことができます。

　普通の人は危険回避的な行動をとると想定されます。このような行動は、図13-2にあるような、限界効用が逓減する効用関数によって分析することができます。伊藤ミクロで詳しく説明しているように、このような逓減的な限界効用を持つ人にとっては、所得が増える効用の増加よりも、所得が減少する効用

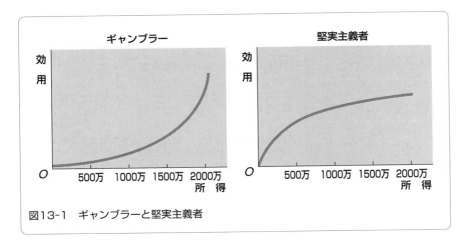

図13-1 ギャンブラーと堅実主義者

の下落のほうが大きくなります。その結果、所得が変動するような状況よりも、所得が安定するほうを好むことになります。具体的な例として、この図を用いて、1000万円の所得を確実に得られるケースと、2分の1ずつの確率で500万円と1500万円の所得を得られるケースを比べてください。逓減的な限界効用では、1000万円から1500万円に増えることの効用の増加よりも、1000万円から500万円に所得が下がることによる効用の損失のほうが大きくなります（図の上で確認してください）。このため、できるだけ安定的な所得を求めようとすることから、危険回避行動の背景には、所得の限界効用逓減という現象が隠されていることがわかります。

　次に、図13-3を用いて、リスクを軽減する保険の機能を説明します。ここでは火災保険を例としていますが、火事が起きたときに所得保証を行うことで、火事によって生じうる所得の変動を軽減する効果を火災保険は持っているのです。

　同図では、リスクプレミアムについても説明しています。リスクプレミアムとは、火事のようなリスクに直面する不効用を金銭価値で表わしたものです。リスクに直面した人が、そのリスクを消すために所得をどれだけ犠牲にしてもよいかを数値で示したものが、リスクプレミアムです。一般的に危険回避的な人ほど、リスクプレミアムは大きくなります。

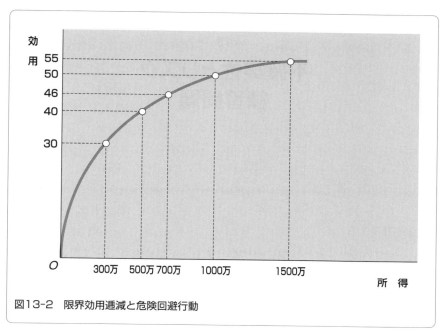

図13-2　限界効用逓減と危険回避行動

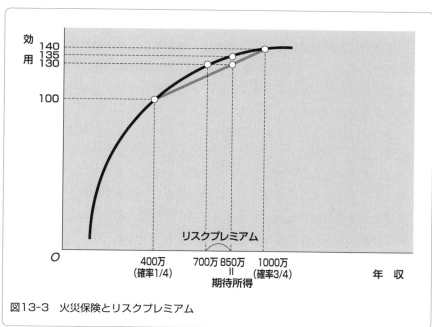

図13-3　火災保険とリスクプレミアム

13
不確実性とリスク
練習問題

確認問題

　次の問いのア〜エの空欄に適切な言葉をあてはめなさい。また、①〜③については正しいものを選びなさい。

1．「卵は1つのバスケットに入れて運ぶよりも、分けて運んだほうがよい」といわれる。これは、特定の商品だけに投資をするのではなく、複数の商品に投資を行い、（　ア　）を分散させたほうがよいという教えである。

2．保険の加入者が多いほど、火災発生の頻度をかなり正確に予測できる。これは、（　イ　）の法則を使っている。この法則は、独立して発生する事象について大量に観察をすると、ある事象の発生する確率は一定値に限りなく近づいていくというものである。

3．世の中にはさまざまな保険が存在する。しかし、どんな保険もあるわけではない。それは、（　ウ　）と呼ばれる現象があるためである。これは、契約が成立した後に、一方が行動を変えることによって経済的な損失が生じてしまう現象である。保険の場合は、保険契約に入ったため、保険加入者の行動が変化して余分な負担が保険加入者にかかったり、保険自体が成り立たなくなったりするというものである。

4．所得に対する効用を描いた曲線の形状を見ると、ギャンブラー（危険愛好者）の場合は、所得の限界効用は（①　逓増・逓減）している。一方、堅実主義者（危険回避者）の場合は、所得の限界効用は（②　逓増・逓減）している。

5. リスクに直面している人が、そのリスクを消すために所得をどれだけ犠牲にしてもよいかを数値で示したものを（　エ　）という。一般的に危険回避的な人ほど、この数値は（③　大きく・小さく）なる。

解答

ア．危険（リスク）　　　イ．大数　　　ウ．モラルハザード

エ．リスクプレミアム　　　①逓増　　　②逓減　　　③大きく

例題 1

ある人の来年の所得が不確実で、0.4の確率で400万円、0.6の確率で1600万円であることがわかっているとします。この人の効用関数が

$$u = \sqrt{y} \quad (u：効用水準、\ y：所得)$$

で表わされるとき、この人の来年の所得について、以下の問いに答えなさい。

(1) 期待所得はいくつでしょうか。

(2) 期待効用はいくつでしょうか。

(3) リスクプレミアムの大きさはいくつでしょうか。

(4) この人が、多少所得が少なくてもいいから安定した収入を得たいと思い、転職を考えているとします。このとき、いくつ以上の所得がもらえれば、この人は転職するでしょうか。ただし、転職に伴うコストは一切かからないとします。

解答

(1) 期待所得（所得の平均値）は1120万円（＝ 0.4×400万円＋0.6×1600万円）。

(2) 期待効用は、400万円からの効用が2000、1600万円からの効用が4000なので、その期待値（確率を伴った平均値）は3200（＝ 0.4×2000＋0.6×4000）となる。

(3) 期待効用3200をもたらす所得水準は1024万円（＝ 3200² 円）であるため、リスクプレミアムはこれと期待所得1120万円の差である96万円になる。

(4) 期待効用をもたらす所得水準よりも大きければいいので、1024万円以上の所得が確実にもらえるならば転職するということになる。

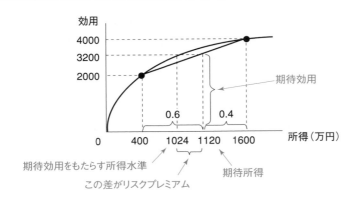

期待効用をもたらす所得水準

この差がリスクプレミアム

例題 2

セントペテルスブルクの逆説について簡単に説明しなさい。

解答

　裏が出たらコインを投げ続け、表が出たところで終わるゲームを考える。胴元は、裏が出た回数に応じてお金を支払うが、その金額は裏が n 回（$n \geqq 1$）出た場合に 2^n 円支払われる。最初に表が出た場合にはまったく支払われないとする。このとき、このゲームの期待利益（利益の平均値）を計算すると、

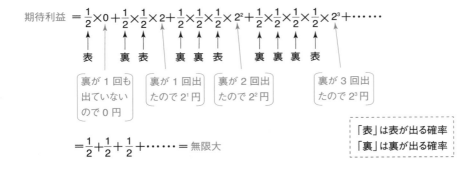

となる。すなわち、このゲームにどんなに莫大なお金を投じても、期待利益のほうが大きいということになる。しかし、このゲームに多額のお金を払ってまで参加しようとする人はいないであろう。このパラドックスをセントペテルスブルクの逆説という。

　この逆説の示唆することは、不確実性の下での選択基準として、期待利益は
もっともらしくないということである。また、人々は危険回避的な行動をとる
ことが多いということも示唆している。

練習問題 1

　1枚400円の宝くじがあるとします。このくじは100本に1本の割合で
100万円が当たるという。この宝くじを買おうかどうか迷っている人の所
得の効用関数が $u = \sqrt{y}$（ただし、u は効用水準で、y は所得（円））である
として、次の問いに答えなさい。

(1)　この宝くじの期待所得はいくつでしょうか。

(2)　期待効用はいくつになるでしょうか。

(3)　この人はこの宝くじを買うでしょうか。買わないのであれば、宝くじ
　　が1枚いくらだったら買うでしょうか。

(4)　この宝くじのリスクプレミアムの大きさを計算しなさい。

解答

(1)　この宝くじの期待所得は、確率100分の1で100万円が当たるので、1万円
　　（＝(1/100)×100万円）。

(2)　期待効用は、100万円での効用が1000（＝$\sqrt{1000000}$）と、はずれたときのゼ
　　ロ円での効用がゼロなので、その平均値である10（＝(1/100)×1000＋(99/100)
　　×0）。

(3)　宝くじを買うことで得られる効用は、期待効用の大きさであり10。それに
　　対して、宝くじを買わなければ確実に400円分の効用、すなわち20（＝$\sqrt{400}$）
　　が得られる。したがって、この人は宝くじを買わない。
　　　期待効用10をもたらす所得水準を求めると、100（＝10^2）円になる。よっ
　　て、この宝くじが100円以下であれば、この宝くじを買うと考えられる。

(4)　リスクプレミアムは、期待所得と期待効用をもたらす所得水準の差である
　　ので、9900円（＝1万円−100円）。

補足

期待効用をもたらす所得水準は「確実性等価」と呼ばれます。

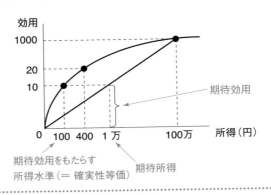

練習問題 2

　リスクプレミアムとは何か。簡単に説明しなさい。

解答

　リスクプレミアムとは、リスクに直面している人が、そのリスクを消すために所得を最大限どれだけ犠牲にしてもよいかを金銭価値で表わした数値のことである。これは、期待所得（所得の期待値）と確実性等価の差になる。確実性等価とは、その所得水準であれば、期待効用と同じ効用水準を確実にもたらす所得の大きさである。リスクプレミアムは、危険回避的な人であれば正の値、危険愛好的な人であれば負の値、危険中立的な人であればゼロになる。

補足

　リスクプレミアムは、危険回避的な人ほど大きくなります。リスクプレ
ミアムは、リスクを負うことに対する最低限の補償額といえます。

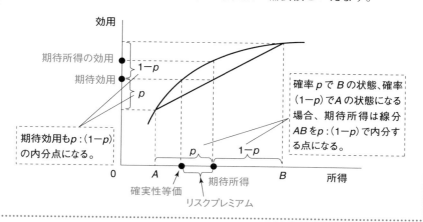

練習問題 3

　モラルハザードが生じると保険が成立しにくいといわれるのはなぜか。
理由を簡単に説明しなさい。

解答

　モラルハザードとは、契約が成立した後で、一方が行動を変えることによっ
て経済的な損失が生じてしまう現象をいう。保険の場合だと、保険契約に入っ
たために、保険加入者が注意を払う努力を怠っても保険でカバーできると考え
て、事故を起こしやすくなったり、病気に罹かりやすくなったりすることで、
保険会社の支払いが増加してしまう。このため、保険料の引き上げにつながる
可能性があり、結果的に保険加入者の保険料が値上がりし、加入者に余分な負
担がかかってしまうことになる。また、保険料が高くなることで、より慎重な
加入者は保険の解約をしてしまい、保険会社は保険料をさらに高くしないとい
けなくなるかもしれない。その結果、高い保険料の下では保険が成立しなくな
ってしまうかもしれない。

　こうした状態を少しでも回避するために、保険会社は損失の一部は負担する

ものの、残りを自己負担させたり、保険でカバーする内容を制限したり、保険を利用しなかった場合には保険料を割り引くなど、モラルハザードが生じにくくなるような仕組みをとっている。

○×問題

1. 期待効用最大化仮説は序数的効用で分析することができる。
2. 所得の限界効用が逓増する場合には、危険回避的な行動をとる。
3. ゆがみのない1つのサイコロを2回ふって、サイコロの目が2回とも偶数である確率は1/2である。
4. 危険回避的であればあるほど、リスクプレミアムは大きくなる。
5. ゆがみのない2つのサイコロを3回ふって、3回ともぞろ目（2つのサイコロで同じ目が出ること）が出たら100万円もらえるという賭けに、5000円でトライした太郎君は危険愛好的（ギャンブラー）である。

解答

1. ×。期待効用最大化仮説では、異なった状況での効用の水準を比較する必要が生じるので、基数的効用が必要となる。序数的効用は、数値そのものではなく、大きさの順序だけが重要であり、その水準は意味を持たないというもの。

2. ×。限界効用が逓増する場合には、危険愛好的な行動をとる。限界効用が逓減する場合には、危険回避的な行動をとる。

3. ×。サイコロの目が偶数であるのは、2と4と6の3つの場合があるので、1回目に偶数が出る確率は1/2（＝3/6）。同様にして、2回目に偶数が出る確率も1/2。よって、1回目に偶数が出て、かつ2回目にも偶数が出る確率は1/4（＝1/2×1/2）になる。

4. ○。危険回避的である人ほど、リスクを消すために犠牲にしてもよい所得の大きさは大きくなる。逆にいうと、リスクを負うことに対して最低限の補償額は大きくなる。

5. ○。2つのサイコロを1回ふってぞろ目になる確率は1/6。これは、2つのサイコロの出る目が全部で36通りあるうち、ぞろ目になるのは $(1, 1)$、$(2, 2)$、$(3, 3)$、$(4, 4)$、$(5, 5)$、$(6, 6)$ の6通りあるから。2回目と3回目がぞ

ろ目になる確率もそれぞれ1/6。よって、3回ともぞろ目になる確率は、1/216（＝1/6×1/6×1/6）になる。したがって、期待所得は約4630円（＝1/216×100万円）になり、これは5000円を下回っているので、太郎君は危険愛好的であることになる。

14

不完全情報の経済学
ポイント解説

レモン市場とは

　売り手と買い手の間の情報に非対称性がある場合には、経済的に興味深い現象がいろいろと生じます。レモン市場の分析は、こうした現象の本質を示したものです。レモンとは、中古自動車のように、一見立派に見えるけれども、中身はポンコツである可能性もあるような財のことを示しています。このような<u>財の品質</u>について売り手は知っていますが、買い手はその品質がわからないので、売り手の隠している情報について買い手は疑心暗鬼になって、市場取引に支障が出てきます（<u>情報の非対称性</u>）。情報の非対称性に関するレモン市場の問題は、金融市場や労働市場などさまざまなところで見られます。この章でもそのうちのいくつかの代表的な事例を紹介します。

　伊藤ミクロ（406〜408ページ）ではレモン市場の例を、中古自動車の数値例を使って説明しています。数値例については伊藤ミクロを参照していただくことにして、そのエッセンスをごく簡単に要約すると次のようになります。市場に出ている中古自動車については、品質の良いものも悪いものもあるが、買い手は外見だけからはその品質を見抜くことができません。一方、売り手は自分が売りに出した自動車の品質について知っているとします。このような場合、価格が低ければ品質のよい自動車は売りに出ません。また、価格が高くなれば品質のよい自動車は売りに出てきますが、同時に品質の悪い自動車も売りに出ます。結局、買い手の立場では、価格が安ければ品質の悪い商品しかないと判断できるので自動車の購入はしませんし、価格が高くても悪い品質の商品をつ

表14-1　労働者の特性とシグナル

	割　合	仕事量（金銭表示）	教育の負担
能力の高い人	1/2	20	2
普通の人	1/2	10	15

かまされる可能性を考慮に入れれば、結局購入することはしません。この数値
例では、中古自動車の市場での取引は実現しません。このように品質の悪い商
品の存在が、品質の良い商品の取引までも阻害することを、「悪貨は良貨を駆
逐する」という表現で知られるグレシャムの法則と呼ぶことがあります。

　伊藤ミクロでは、情報の非対称性の問題が存在する例として、労働市場の事
例も取り上げています。そこでは、情報の非対称性の問題への対応方法の1つ
として、年功賃金制などの長期雇用契約の役割についても説明しています。

シグナルとはどのような機能を果たしているのだろうか

　レモン市場の典型的な事例として取り上げた中古車市場では、この問題を解
決するためにどのような工夫が見られるでしょうか。伊藤ミクロではそのよう
な工夫の事例として、自動車のプロである中古車ディーラーのような第三者を
介する取引について触れています。このように第三者が入ることで情報の非対
称性が解消されるケースは、金融などの分野でも見られます。例えば、債券市
場などで債券発行をした企業の格付けをする格付け機関の存在意義なども、そ
のような視点から理解することができます。

　情報の非対称性への対応として経済学で重要視されているものに、シグナル
のメカニズムがあります。表14－1はその数値例です。詳しくは伊藤ミクロの
説明を読んでもらうとして、その大まかな内容は次のとおりです。表には2つ
のタイプの労働者があることが示されています。労働者を雇う側では、個々の
労働者がどちらのタイプなのか事前にはわかりません。つまり、このままでは
能力に応じた賃金を払うことはできません。しかし、かりに能力の高い人のほ
うがより低い費用（努力）で高い教育成果（学歴など）をあげることができる
なら、労働者を雇う側が学歴によって賃金に差をつけることによって、2つの

労働者の間で区別をすることができるようになります。この事例における学歴は、一般的にシグナルと呼ばれる現象の一例です。取引相手（この場合には雇用者）が直接情報をとれなくても、シグナルのような間接的な情報が発信されることで、情報の非対称性が解消されます。

　シグナルという現象は、経済のあちこちで見られます。情報の非対称性が存在する市場において、情報を持っている側では、もし自分の提供する財やサービスの品質が優れているなら、何とかその情報を相手側に伝えることで、より高い価格で買ってもらえるようにしようとするでしょう。ただ、その情報は品質の劣る人には提供できないものでなくてはいけません。上で取り上げた「能力のある人にとっての学歴」などはそのようなタイプの情報です。売り手が発信するシグナル情報は、金融市場などでもいろいろな例が見られます。

　伊藤ミクロでは、取引条件に工夫をすることで情報の非対称性が解消されるケースとして、自己選択メカニズムについて説明しています。これは、逆に情報を持っていない側が情報を収集することができるメカニズムです。鉄道料金における定期券の制度のように、たくさん利用する人に対してそれに見合った料金（定期代）を鉄道事業者（情報を持っていない側）が提示することで、鉄道事業者は、多頻度利用者と低頻度利用者を区別するような料金体系を確立することができます。

モラルハザードとは

　第13章でも触れたモラルハザードですが、この章ではもう少し詳しく取り上げます。情報の非対称性がある世界で、相手の持っている情報がわからないために生じるレモン市場のような問題を、逆選択（アドバース・セレクション）と呼びます。それに対して、情報が非対称なとき、取引相手の見えない行動によって取引に問題が生じる現象を、一般的にモラルハザードと呼びます。

　伊藤ミクロでは、表14−2で取り上げたエイジェンシー関係との関連でモラルハザードを説明しています。表のなかでエイジェント（代理人）として列挙されているような人の行動は、プリンシパル（依頼人）の効用に大きな影響を与えます。エイジェントは、必ずしもプリンシパルの期待するような行動をとるとは限りませんが、そのような状況をモラルハザードと呼びます。

表14-2　さまざまなエイジェンシー関係

エイジェント	プリンシパル
弁護士	依頼人
労働者	経営者
民間企業	政策当局
経営者	株　主
融資先	銀　行
農業労働者	地　主
タクシー運転手	タクシー会社
小売業	メーカー
納税者	税務当局
被保険者	保険会社

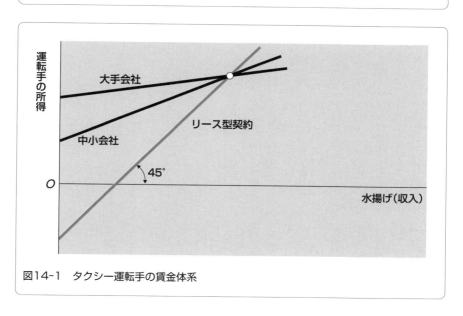

図14-1　タクシー運転手の賃金体系

　例えば労働者（エイジェント）と経営者（プリンシパル）であれば、労働者は
必ずしも経営者の期待するような働きをするとは限りません。そこで労働契約
のなかに、モラルハザードの問題を軽減するようなさまざまな工夫が込められ
ます。経営者（エイジェント）と株主（プリンシパル）の間にも、モラルハザー

ドの問題が起こりえます。経営者はつねに株主の利益にかなうような経営をするとは限りません。そこで、経営者の行動をしばったり監視したりするため、企業統治（コーポレートガバナンス）に関するさまざまな制度や枠組みが存在するのです。

　伊藤ミクロ（422～423ページ）では、エイジェンシー関係でモラルハザードを軽減するために契約形態に工夫が凝らされる事例として、タクシー運転手の賃金体系の事例が説明してあります。図14‐1にある、リース型契約、大手と中小のタクシー会社の賃金形態について確認してください。とくに、この直線の傾きが大きいほど、水揚げ（収入）に対して運転手の所得が大きくなるため、運転手の労働意欲が高まることを確認してください。

14
不完全情報の経済学
練習問題

確認問題

次の問いのア〜カの空欄に適切な言葉をあてはめなさい。

1．中古車市場の問題（「レモン市場の問題」）とは、中古車という商品に対して、売り手と買い手との間で顕著な情報の（　ア　）性があるために生じる問題である。

2．質の悪い商品が出回ることで質の良い商品の取引が阻害されてしまう現象を、16世紀当時のイギリスで国王の財政顧問を務めた人物の名前をとって、（　イ　）の法則と呼ぶ。

3．取引する財の品質に関する情報を一方の当事者のみが保有し、他方は契約前にそれを観察できない現象を、経済学では（　ウ　）と呼ぶ。

4．情報の非対称性によって生じる問題を解決するにあたっては、何らかの方法によってそうした非対称性を解消することが必要になる。その解決方法としては、ディーラーが入って品質の保証をするなどの（　エ　）による情報の提供や、商品やサービスを標準化するといった方法がある。また、学歴などをシグナルとして、情報を持っている側が発信する方法もある。さらに、情報を持っていない側が情報を収集するために料金体系などを工夫することで、客の自主的な選択を通じて客に関する情報を集めたり、その情報を活かしたりする方法は、（　オ　）メカニズムと呼ばれる。

5．エイジェントがプリンシパルの利益にかなうような行動をとらないことで、経済的利益が得られないことがある。こうした現象はモラルハザ

ードの問題を引き起こす。その場合、エイジェントがまじめに働くよう
にするため、（　カ　）を持つような契約をすることが重要になる。こ
れを持つような契約として、継続的取引関係は望ましい取引を実現しよ
うとする仕組みであったといえる。

解答

ア．非対称　　イ．グレシャム　　ウ．逆選択（アドバース・セレクション）

エ．第三者　　オ．自己選択　　カ．インセンティブ（誘因）

例題 1

　情報の非対称性が存在すると、市場メカニズムがうまく機能しない場合
があります。その例として、逆選択とモラルハザードがあげられます。逆
選択およびモラルハザードはどのようなものでしょうか。簡単に説明しな
さい。また、これらを防ぐ方法として、どのような方法があるかについて
も述べなさい。

解答

　逆選択は、取引する財のタイプに関する情報を一方の当事者のみが保有し、
他方は契約前にそれを観察できないために生じる。逆選択とは、その財のタイ
プの価格が正当に評価されていないことで、選びたいタイプの財が阻害され、
選びたくないタイプの財がより多く出回ってしまう現象をいう。まさに、良い
ものを選びたいのに、逆のもの（アドバース）を選択（セレクション）してしま
うという現象である。この場合、財のタイプに関する情報の非対称性が存在す
る。逆選択における非対称情報の具体的な例としては、中古車市場における中
古車の品質や、労働市場における労働者の能力、医療保険市場における保険加
入者の健康に関する情報などがある。

　逆選択に対応する方法としては、シグナルを発信する（シグナリング）とい
うことと、自己選択メカニズムを利用するというものがある。

　シグナリングは、情報を保有している経済主体が、情報を保有していない経
済主体に対して自分のタイプを知らせる手段である。この例としては、学歴、
ブランド、品質の保証、莫大な費用がかかる広告などがある。シグナリングの
原理は、自分にとっては得であるが、他のタイプにとってはコストがかかりす

ぎて割に合わない行動をとることによって、自分のタイプを表明できることにある。

　自己選択メカニズム（スクリーニングともいう）は、情報を保有していない経済主体が、情報を保有している経済主体に対して、異なったタイプの契約を提示して選んでもらうことによって、情報を保有している経済主体にシグナルを出すインセンティブ（誘因・動機）を与え、判断するというものである。この例としては、JR や私鉄の定期券制度や、複数の料金プランを持つ保険料金制度などがある。

　モラルハザードとは、依頼人（プリンシパル）が代理人（エイジェント）の行動を観察・監視できないために、契約した後にエイジェントの行動が変化してしまい、契約内容が実現できなくなってしまう現象をいう。この場合、相手の行動に関して情報の非対称性が存在する。モラルハザードにおける非対称情報の具体的な例としては、被保険者が保険に加入した後、損害を回避する努力を怠り、保険金の支払いが増加してしまうということがあげられる。

　モラルハザードに対応する方法としては、インセンティブ契約を結ぶことがあげられる。これは、契約や取引関係によって、エイジェントの行動をプリンシパルの利益にかなう方向に持っていくというものである。タクシー運転手やセールスマンの場合であれば、出来高に応じた支払いをしたり、ボーナス制度を設けたりすることがあげられる。また、保険の場合であれば、保険会社は損失の一部だけを負担し、残りは自己負担にさせたり、保険がカバーできる内容を制限したり、保険金の支払いがなかった利用者に対しては、保険料を割り引くなどがある。年功賃金制や終身雇用制も、インセンティブ契約の一形態と考えることができる。これらの制度の下では、そのメリットを享受するためには1つの企業に勤め上げなければならず、労働者がまじめに働くようなメカニズムが働いている。

補足

　逆選択の場合は、契約をする前に情報の非対称性が存在しています。これに対してモラルハザードは、契約をした後に情報の非対称が生じるケースです。

【まとめ】

逆選択…契約する前に情報の非対称性がある → 契約前の財のタイプがわからない	
例）さまざまな市場：非対称を持つ情報	解決策
中古車市場：車の品質 労働市場：労働者の能力 医療保険市場：加入者の健康に関する 情報	・シグナルの発信（シグナリング） （例：学歴、ブランド、品質の保証、莫大な費用がかか る広告費） ・自己選択メカニズムの利用（スクリーニング） （例：JRや私鉄の定期券制度、保険料金制度）
モラルハザード…契約した後に情報の非対称がある → 契約後の相手の行動が観察できない	
例）エイジェント vs プリンシパル	解決策
セールスマン vs 会社 農業労働者 vs 地主 被保険者 vs 保険会社	契約や取引関係によって、エイジェントの行動をプリ ンシパルの利益にかなう方向に持っていく。 （例：保険金の支払い限度額の存在、年功賃金制）

例題2

タクシー運転手の賃金体系は、会社によってリース型契約（水揚げ（収入）から毎月一定額を差し引いて残りをすべて運転手の所得とするもの）に近いものであったり、歩合制（基本給に加えて、売上の一定割合が所得となる）に近いものであったり、さまざまに分かれています。それぞれの賃金体系について、経済学的に説明しなさい。

解答

タクシー運転手がどれだけ熱心に働くかによって、会社の利益は大きな影響を受けるが、個々の運転手がどのような勤務態度をとるのかということが会社にはわからないとしよう。こうした情報の非対称性が存在するとき、エイジェンシー問題が生じる。

運転手の側から見たときに、どのような賃金体系であれば働くインセンティブを引き出せるのかということを考えた場合、歩合制よりもリース型契約のほうが大きいと考えられる。リース型契約は、追加的な収入はすべて運転手の所得になるので、自分の努力で収入を伸ばそうとするのに対して、歩合制であれば一部が会社に取り上げられてしまうからである。このように、エイジェンシーの問題を考えたとき、より働くインセンティブを持つようにするにはリース

型契約のほうが望ましいといえるだろう。

　しかし、リース型契約では収入の変動のリスクはすべて運転手が被るのに対して、歩合制であれば収入に応じて会社への支払い額が変動するので、リスクを会社と分担できる。また、リース型契約では、できるだけ収入を伸ばそうとして運転手がサービスを低下させるかもしれない。

　こういったリスクの負担やサービス低下などの問題が生じかねないことから、実際の賃金体系では、とくに大手のタクシー会社では歩合制も見られるというわけである。

○×問題

1．情報の非対称性が存在する財の取引では、より多くの情報を持つ経済主体の合理的な経済行動の結果、市場取引自体が成立しなくなるおそれもある。

2．逆選択の例として、保険に加入することで、加入者が行動様式を変化させるため、効率的な資源配分が実現できなくなるというものがある。

3．財の品質が正しく価格に反映されていれば、逆選択の問題は生じない。

解答

1．○。情報の非対称性が存在するとき、モラルハザードや逆選択の問題が生じてしまい、市場メカニズムがうまく機能しなくなる。

2．×。行動様式の変化であることから、これは逆選択ではなく、モラルハザードの説明になる。逆選択は、商品やサービスの品質が事前にわからないということで生じる現象である。

3．○。品質が正しく価格に反映されていれば、たとえ財の品質がわからなくても、逆選択の問題は生じない。品質が正しく価格に反映されないために、買い手は疑心暗鬼になり、逆選択の問題が生じてしまう。

15
異時点間の資源配分
ポイント解説

時間を通じた資源配分について考える

　経済の多くの問題では、時間を通じた（異時点間の）資源配分が行われています。家計の例でいえば、現在の消費を減らして貯蓄を増やせば、それだけ将来の消費を増やすことができます。つまり、家計は現在どれだけ貯蓄するのか決めることで、現在の消費と将来の消費の間の資源配分を行っているのです。図15-1は典型的な給与所得の家計の、一生を通じた給与所得、支出、資産額の動きを例示したものです。この図を見ながら、この家計が行っている時間を通じた資源配分について考えてみてください。

　企業が行う投資活動も、異時点間の資源配分に関わっています。企業の投資活動とは、現在、設備投資や研究開発投資として資源を投入することで、将来の生産を拡大する行為であるからです。

無差別曲線の上で家計の貯蓄行動を分析する

　図15-2は、典型的な家計の異時点間の予算制約を示したものです。この図の横軸には若年時の消費額が、そして縦軸には老年時の消費額が示されています。伊藤ミクロのなかで詳しく述べられていますが、この図は消費者の行動が、若年時と老年時という単純化した2期間で行われると想定して描かれています。経済学ではしばしば、このような単純化した時間構造のなかで異時点間の行動が分析されます。

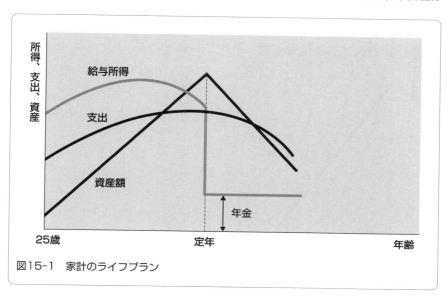

図15-1　家計のライフプラン

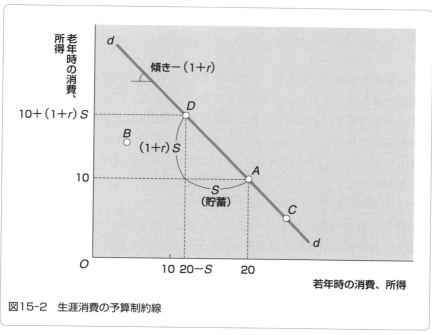

図15-2　生涯消費の予算制約線

　図に描かれている直線は、この家計の直面する<u>異時点間の予算制約線</u>を表わしています。詳しくは伊藤ミクロを参照してほしいのですが、家計が若年時に

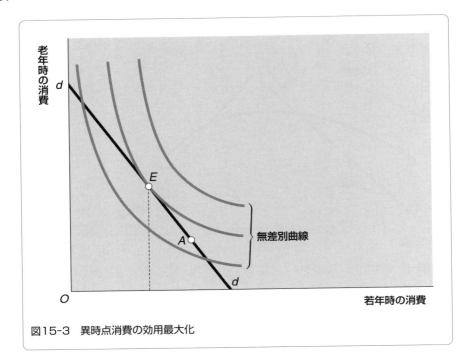

図15-3　異時点消費の効用最大化

行う貯蓄額を調整することで、この直線上のいろいろな点が2期間の消費として実現可能となります。この家計が若年時により多くの貯蓄をするほど、若年時の消費額は減り、それに対応して老年時の消費額は増えます。つまり、この予算制約線の左上のほうに動くことになります。逆に若年時にマイナスの貯蓄、つまり（例えば住宅ローンや消費ローンのような）借金をすれば、それだけ若年時の消費額は増えますが、老年時の消費額は減ります。この場合、予算制約線の右下のほうに動くことになります。

　予算制約線の傾きは $-(1+r)$ になります。ただし、r は利子率を表わしています。若年時の消費額を減らせば、それに $(1+r)$ を掛けただけ老年時の消費額が増えることを表わしています。

　図15-3に表わされているように、ここでは家計は上で説明した予算制約上で効用を最大化するところを選択すると考えます。通常の消費のケースと同じように、異時点間の消費においても、若年時と老年時の消費の間に、図に示したような無差別曲線を描くことができます。

　図15-4に、家計の所得が増加したときに貯蓄がどのように変化するのかを

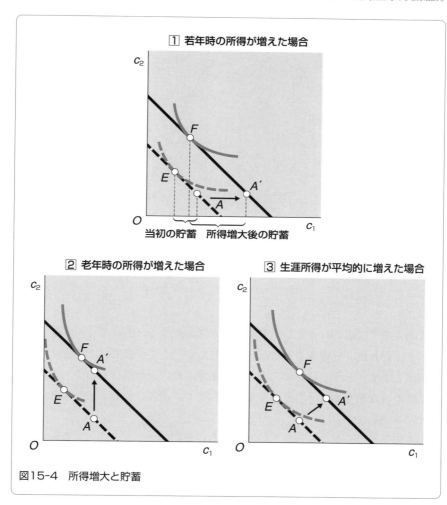

図15-4 所得増大と貯蓄

示してあります。若年時の所得の増加は一般的に貯蓄を増やしますが、老年時に所得が増えることが期待される場合には、貯蓄は減少することが通常です。これらについて伊藤ミクロ（437〜439ページ）の説明を読みながら確認してください。

異時点間の消費の分析で一番重要であるのは、利子率が上昇したときに、貯蓄が増えるかどうかという問題です。決してやさしくありませんが重要なことですので、この点について図15-5とそれに関する伊藤ミクロ（439〜440ページ）の説明をよく読んでください。直感的に考えると、利子率が上昇すれば貯

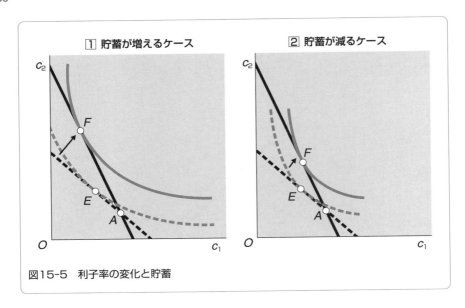

図15-5　利子率の変化と貯蓄

蓄は増えそうに思われますが、実際はそれほど簡単ではありません。確かに利子率が上がれば、貯蓄をすることによる収益が増えますので、その意味では貯蓄が増えます。しかし同時に、同じ貯蓄額でも高い金利が付くので、そのぶん若年時の消費額を増やそうという力も働きます。前者は代替効果、後者は所得効果に対応します。

　利子率上昇は、若年時と老年時の消費の代替関係では老年時の消費を有利にするため貯蓄を増やしますが、同時に利子率が上がることで生涯所得が増え、そのぶん若年時の消費額を増やす、つまり貯蓄を減らすように働きます。結局、利子率上昇で貯蓄が増えるかどうかは、この２つの効果のどちらが強く働くのかに依存します。図15-5には利子率上昇によって貯蓄が増大するケース（代替効果のほうが強く働く場合）と、利子率上昇によって貯蓄が減少するケース（所得効果が強く働く場合）の両方が図解されています。

投資の収益性と割引価値の考え方について学ぼう

　表15-1に、ある企業の投資プロジェクトの収益に関する例があります。この表には３つのプロジェクトが例示してあり、それぞれの投資額と予想される

表15-1　ある企業の投資プロジェクト

プロジェクト１（工場建設）	
投　資　額	200億円
予想される収入	300億円
収　益　率	50%
プロジェクト２（海外企業買収）	
投　資　額	500億円
予想される収入	650億円
収　益　率	30%
プロジェクト３（新製品開発）	
投　資　額	300億円
予想される収入	360億円
収　益　率	20%

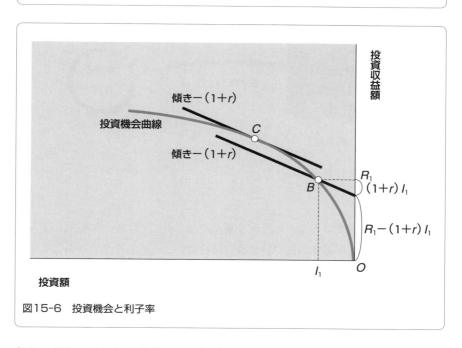

図15-6　投資機会と利子率

収入、そしてそこから計算される収益率が記してあります。企業はこれらの投資プロジェクトと市場金利を比べて、プロジェクトに投資するかどうか決定し

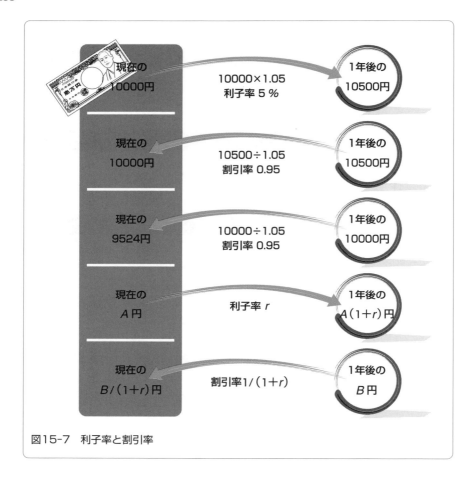

図15-7　利子率と割引率

ます。

　詳しくは伊藤ミクロのなかの説明を読んでほしいのですが、一般的に企業は、市場利子率よりも収益率の高い投資機会に投資しようとします。そのような投資であれば、投資の機会費用である利子率よりも高い収益が確保できるからです。そのため、一般的に利子率が低いほど、より多くの投資プロジェクトが実行に移されます。つまり、利子率が低いほど、より多くの投資が行われる傾向があります。

　図15−6は、利子率と投資の関係を簡単な図で示したものです。この図の投資機会曲線は、投資額と投資収益額の関係を表わしたものです。一般的に投資

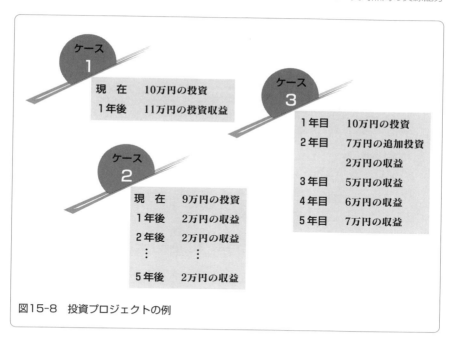

図15-8 投資プロジェクトの例

額が増えていくほど、投資の限界的な収益性が低下していきますので、この図に描かれたように、限界的な投資収益が逓減するような収益曲線が描かれます。企業はこの収益曲線の傾き（つまり投資の限界的な収益）が 1 + 利子率に等しくなるところまで投資を行おうとします。この図では、利子率が上昇すれば投資額が減少することが図の上で例示されています。伊藤ミクロの説明を参考にしながら検討してください。

　次に、図15-7を参考にしながら、割引現在価値の考え方を確認してください。割引現在価値とは、将来の所得や収益などの金銭価値を、利子率を使って現在の価値に換算したものです。図15-8に、より一般的な投資プロジェクトの例がありますので、この図の事例について割引現在価値を計算してみてください。

　割引現在価値の考え方を使うことで、債券の価格も計算できます。図15-9に債券価格の計算例がありますので、伊藤ミクロの説明を参考にして理解を確かなものにしてください。

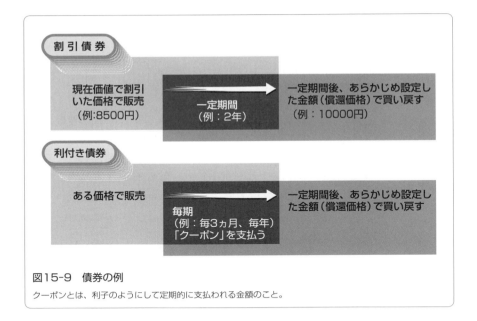

図15-9　債券の例

クーポンとは、利子のようにして定期的に支払われる金額のこと。

世代間の資源配分について

　伊藤ミクロでは、時間を通じた資源配分の例として、世代間の資源配分についても触れています。

　世代間の資源配分の代表的な事例は年金の問題です。<u>賦課方式</u>と呼ばれる年金は、若い世代から集めた資金を、その世代の引退世代の年金として利用する制度です。図15-10は、この賦課方式の年金の下での世代間の資金移転の状況を図解したものです。この図と伊藤ミクロの説明を参照して、ここで示されている賦課方式の年金と、<u>積立方式</u>と呼ばれる年金の違いを確認してください。積立方式の場合は、年金資金として集めた資金を、株式や債券などの形で運用して、年金を支払う段階でそれを取り崩して支払うという方式です。この場合には、年金加入者の世代間の移転はありません。

　世代間の資源配分の第2の例として、図15-11を用いて、年功賃金制と世代間の資源配分について説明しています。年功賃金制の下では、企業内で若い世代から上の世代への所得移転が起きていると考えることができます。労働者は一生を通じて働きに応じた所得を得ますが、それぞれの時点では就業年限に応

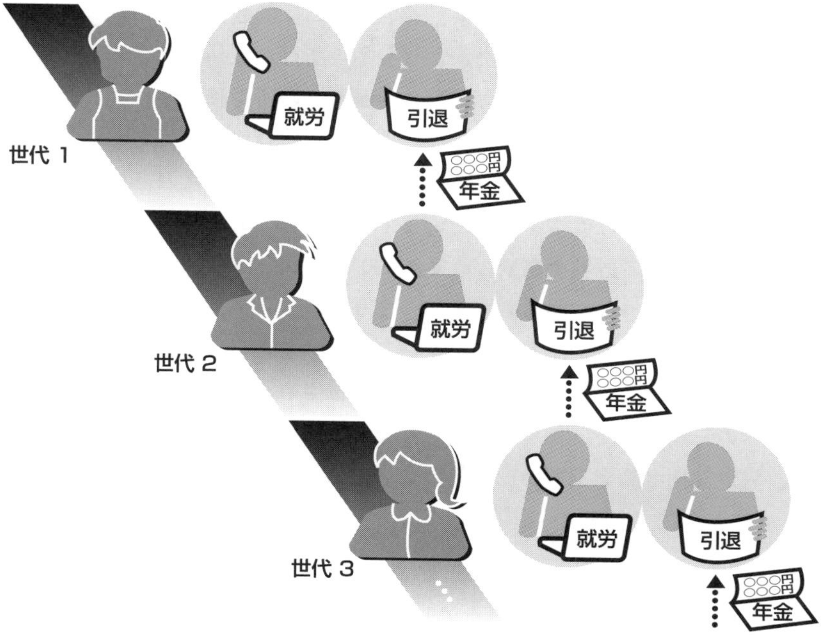

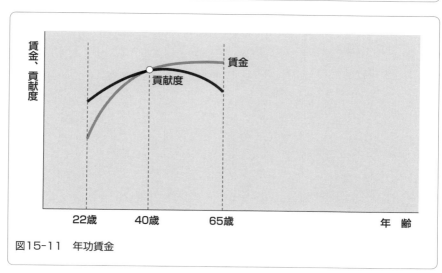

図15-10　世代間の移転という形の年金

図15-11　年功賃金

じた所得が支払われます。その結果、若いときには働きより少ない所得が、就業年数が高くなるにしたがって働きよりも多い所得が支払われます。その結果として、各時点で若い労働者から年配の労働者への所得移転が行われます。

　ところで、貯蓄や投資という行動は、それを行う経済主体である企業や家計の観点からは異時点間の資源配分ですが、経済全体から見たときには、同一時点内の資源配分という性格を持っています。個々人の貯蓄や個々の企業の投資は、金融機関による貯蓄や融資（直接金融の場合は証券の売買）という金融サービスによって調節されているのです。つまり、家計部門が将来の消費のために貯蓄を行えば、その資金は金融市場を通じて企業部門に流れ、企業の投資資金として使われます。企業の投資によって生み出された将来の収益は、家計部門の貯蓄への元利として支払われることになります。このように、貯蓄投資を通じて、家計部門と企業部門の間で異時点間の資源配分が行われているのです。

15
異時点間の資源配分
練習問題

確認問題

　次の問いのア～カの空欄に適切な数式や言葉、あるいは数値をあてはめなさい。また、①～③については正しいものを選びなさい。

1．若年時の消費と給与所得をそれぞれ C_1、Y_1 とし、老年時の消費と給与所得をそれぞれ C_2、Y_2 とする。また、利子率を r として、若年時と老年時の2期間だけを考えて遺産はないものとした場合、生涯消費の割引現在価値は、（　ア　）と表わすことができる。また、生涯所得の割引現在価値は、（　イ　）と表わすことができる。

2．若年時と老年時の異時点間の資源配分を考えたとき、利子率が上昇した場合、現在消費に対する将来消費の価値が高まるために貯蓄が増加するのは、（①　代替効果・所得効果）が強く働く場合になる。それに対して、利子率が上昇したときに、生涯所得全体が増加し、若年時の消費を増やすために貯蓄を減らそう働くのは、（②　代替効果・所得効果）が強い場合になる。

3．投資は異時点間の資源配分と考えることができる。投資額は、投資の限界生産性が1＋利子率と一致するように決定される。利子率が高くなると、投資のために資金を借りるコストが高くなるため、企業は投資を（③　増加・減少）させることになる。

4．利子率が20％（＝0.2）のとき、1年後の24万円の割引現在価値は、（　ウ　）万円になる。これは、24万円を（　エ　）で割ることで求めることができる。

5．年金の運用の仕方で、年金資金を受け取った政府や企業が、その資金をそのまま年金受給者に渡す方法は、（　オ　）方式と呼ばれる。それに対して、年金資金として受け取ったものを株式や債券などの形で運用しておき、老後に年金としてそれを受け取る方式は、（　カ　）方式と呼ばれる。

解答

ア．$C_1 + C_2/(1+r)$　　イ．$Y_1 + Y_2/(1+r)$　　ウ．20　　エ．1.2

オ．賦課　　カ．積立　　①代替効果　　②所得効果　　③減少

例題 1

　下の図は、2期間モデルを表わしたものであり、横軸に若年時の消費ないしは所得をとり、縦軸に老年時の消費ないしは所得をとっています。ある消費者の無差別曲線が U で与えられていて、点 A で効用を最大化しています。また、この個人は若年時の所得が100、老年時の所得が27であることがわかっています。これは点 W で示されています。利子率は一定で自由に貸し借りができ、若年時に限って貯蓄ないしは借入れをすると仮定します。図のなかの直線は、予算制約線を表わしたものです。このとき、以下の問いに答えなさい。

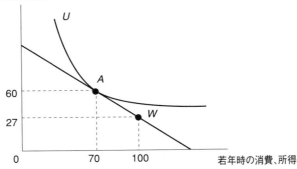

(1)　この個人が効用を最大化したとき、若年時および老年時の消費はそれぞれいくつになるでしょうか。

(2)　このとき若年時の貯蓄はいくつになるでしょうか。

(3)　若年時の消費を C_1、老年時の消費を C_2 とおいたとき、予算制約線はどういう式で表わされるでしょうか。

(4)　利子率が上昇して20％（$r = 0.2$）になったとき、この消費者が20の貯蓄をしたとします。利子率が上昇した結果、若年時および老年時の消費はいくつになるでしょうか。

解答

(1)　図より、点 A で効用を最大化しているので、若年時の消費は70、老年時の消費は60となる。

(2)　図より、若年時の所得が100、消費が70なので、貯蓄はその差の30になる。

(3)　予算制約線は、利子率を r、若年時の所得を Y_1、老年時の所得を Y_2、貯蓄を S（借入れの場合は、マイナスの値になる）とおくと、若年時の予算制約は、

$$Y_1 - S = C_1 \quad （若年時の所得から貯蓄を引いたもの（ないしは借入れを足したもの）が、若年時の消費になる）$$

となり、老年時の予算制約は、

$$C_2 = Y_2 + (1+r)S \quad （老年時の消費は、老年時の所得に貯蓄の元利を加えたものになる）$$

となる。したがって、この2つの式から S を消去して予算制約式を求めると、

$$C_1 + \frac{1}{1+r} C_2 = Y_1 + \frac{1}{1+r} Y_2 \cdots\cdots ①$$

が得られる。$Y_1 = 100$、$Y_2 = 27$、さらに、予算制約線の傾きは $-(1+r)$ になるので、図より

$$-(1+r) = \frac{27 - 60}{100 - 70} = -1.1 \quad \Leftrightarrow \quad r = 0.1$$

よって、$r = 0.1$ を①式に代入すると、予算制約式は、

$$C_1 + \frac{1}{1.1} C_2 = \frac{1370}{11}$$

すなわち

$$11C_1 + 10C_2 = 1370$$

が求まる。

(4)　$r = 0.2$ と $S = 20$、さらに $Y_1 = 100$、$Y_2 = 27$ を若年時と老年時の予算制

約式に代入すると、

$$C_1 = Y_1 - S = 100 - 20 = 80$$
$$C_2 = Y_2 + (1+r)S = 27 + 1.2 \times 20 = 51$$

したがって、若年時の消費は80、老年時の消費は51になることがわかる。

補足

利子率が20%（$r = 0.2$）に上昇したときの状況は図のようになります。

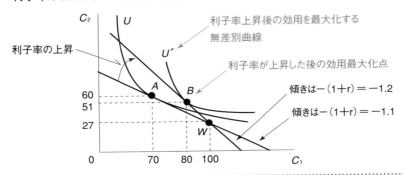

例題2

2つのタイプ（タイプ1とタイプ2）の消費者を考えます。彼らは同じ利子率に直面し、この利子率の下でいくらでも貯蓄ないしは借入れができるものとし、2人の消費者の若年時と老年時の所得の大きさもまったく同じであり、それは図の点 A で表わされているとします。また図では、与えられた予算制約線の下で効用を最大化する点は、それぞれ点 E_1、E_2 で表わされています。このとき、以下の問いに答えなさい。ただし、c_1 と c_2 はそれぞれ若年時と老年時の消費、y_1 と y_2 はそれぞれ若年時と老年時の所得であるとします。

(1) この2つのタイプの無差別曲線は、㋐若年時の消費を高く評価している、㋑老年時の消費を高く評価している、のいずれかであるとすると、タイプ1とタイプ2はそれぞれ㋐と㋑のどちらになるでしょうか。

(2) 無差別曲線の形状の違いによって、消費行動が異なっています。この点について、若年時の貯蓄ないしは借入れ行動に留意して簡単に説明しなさい。

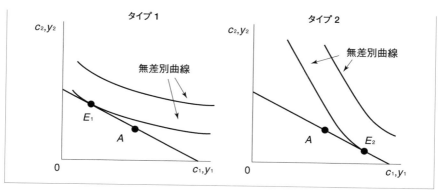

解答

(1) タイプ1は⑦に相当し、老年時に偏った消費をしているのに対して、タイプ2は⑦に相当し、若年時に偏った消費をしている。

(2) タイプ1はタイプ2よりも限界代替率が小さくなっている。これはタイプ2のほうが、若年時の消費を1単位あきらめたときに、同じ効用水準を維持するためには、より多くの老年時の消費を必要とするということであり、タイプ2にとっては、若年時の消費を高く評価していることになる。したがって、点Aよりも右下に位置する点E₂では、タイプ2の消費者は借入れを行っていることがわかる。

　逆に、限界代替率が小さいタイプ1は、老年時の消費を1単位あきらめたときに、同じ効用水準を維持するためには、より多くの若年時の消費を必要としているので、タイプ1は老年時の消費を高く評価していることになる。したがって、点Aよりも左上に位置する点E₁では、タイプ1の消費者は貯

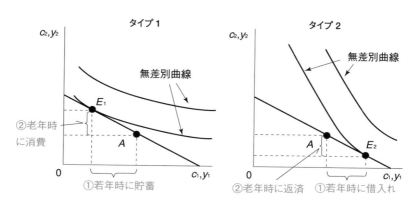

248

蓄を行っていることがわかる。

したがって、タイプ1は⑦に相当し、老後に偏った消費をしているのに対して、タイプ2は⑦に相当し、若年時に偏った消費をしていることになる。

例題 3

次のケースの割引現在価値を求めなさい。

(1) 表のようなプロジェクトがあったとします。現在、320万円の投資をすることで、1年後に330万円の投資収益が得られるというものです。このとき、1年後の投資収益の割引現在価値はいくつになるでしょうか。また、このプロジェクトに投資することは望ましいでしょうか。ただし、利子率は10%であるとします。

	プロジェクト1
現在	320万円の投資をする
1年後	330万円の投資収益が得られる

(2) 表のようなプロジェクトがあったとします。現在、80万円の投資をすることで、1年後から5年後まで毎年全部で5回22万円の投資収益が得られるというものです。このとき、今後5年間の投資収益の割引現在価値はいくつになるでしょうか。また、このプロジェクトに投資することは望ましいでしょうか。ただし、利子率は10%であるとします。

	プロジェクト2
現在	80万円の投資をする
1年後	22万円の投資収益が得られる
2年後	22万円の投資収益が得られる
3年後	22万円の投資収益が得られる
4年後	22万円の投資収益が得られる
5年後	22万円の投資収益が得られる

解答

(1) 1年後の330万円の割引現在価値は300万円（= 330万円 /(1 + 0.1)）になる。したがって、これと320万円の投資額を比べると採算が合わないので、この

投資プロジェクトは望ましくない。

(2)　1年後から5年後までの投資収益の割引現在価値は、

$$\frac{22万円}{1+0.1}+\frac{22万円}{(1+0.1)^2}+\frac{22万円}{(1+0.1)^3}+\frac{22万円}{(1+0.1)^4}+\frac{22万円}{(1+0.1)^5}$$
$$≒20万円+18.18万円+16.53万円+15.03万円+13.66万円$$
$$≒83.41万円$$

より、約83.4万円になる。これと80万円の投資額を比べると、投資収益の割引現在価値のほうが大きいので、投資すべきである。

例題 4

　最初の年だけでなく、その後も投資が続くというプロジェクトを考えます。最初の年には100万円の投資、次の年には80万円の追加投資をすることで、2年目に10万円（2年目はネットで−70万円の収益になる）、3年目に40万円、4年目に60万円、5年目に80万円の投資収益が得られるとします。これをまとめたものが下の表です。このとき、以下の問いに答えなさい。

(1)　利子率をrとしたとき、投資プロジェクトの割引現在価値はいくつでしょうか。

(2)　利子率が1％のとき、このプロジェクトに投資することは望ましいでしょうか。

(3)　利子率が5％であればどうでしょうか。

	プロジェクト
1 年目	100万円の投資を行う
2 年目	80万円の追加投資を行う
	10万円の投資収益が得られる
3 年目	40万円の投資収益が得られる
4 年目	60万円の投資収益が得られる
5 年目	80万円の投資収益が得られる

解答

(1)　投資プロジェクトの割引現在価値を PV とおくと、

$$PV = -100\text{万円} - \frac{70\text{万円}}{1+r} + \frac{40\text{万円}}{(1+r)^2} + \frac{60\text{万円}}{(1+r)^3} + \frac{80\text{万円}}{(1+r)^4}$$

となる。2年目のネットの収益は-70万円になる。また、2年目は1年後なので割引率は$(1+r)$となり、3年目は2年後なので割引率は$(1+r)^2$となる。同様にして、4年目は3年後なので割引率は$(1+r)^3$となり、5年目は4年後なので$(1+r)^4$となる。

(2) 利子率が1%のとき、割引現在価値PVは、

$$PV = -100\text{万円} - \frac{70\text{万円}}{1+0.01} + \frac{40\text{万円}}{(1+0.01)^2} + \frac{60\text{万円}}{(1+0.01)^3} + \frac{80\text{万円}}{(1+0.01)^4}$$

$$\fallingdotseq 5.02\text{万円}$$

したがって、プロジェクトの割引現在価値がプラスの値をとるので、このプロジェクトは採算が合うことから、投資することが望ましいといえる。

(3) 利子率が5%のとき、割引現在価値PVは、

$$PV = -100\text{万円} - \frac{70\text{万円}}{1+0.05} + \frac{40\text{万円}}{(1+0.05)^2} + \frac{60\text{万円}}{(1+0.05)^3} + \frac{80\text{万円}}{(1+0.05)^4}$$

$$\fallingdotseq -12.7\text{万円}$$

したがって、プロジェクトの割引現在価値がマイナスの値をとってしまうため、このプロジェクトは採算が合わないということになる。したがって、投資することは望ましくないといえる。

> 補足
>
> 金利が高くなると、投資プロジェクトの割引現在価値は小さくなります。その結果、低い金利であれば採算が合うプロジェクトでも、金利が高くなることで採算が合わなくなることがあります。

> 練習問題
>
> 利子率が上昇すると、貯蓄が増える場合と減る場合があります。この違いはどこから出てくるでしょうか。簡単に説明しなさい。

解答

利子率が上昇しても、貯蓄が増える場合と減る場合があるのは、利子率の上昇に伴う代替効果と所得効果の働きが逆で、どちらが大きいか判断できないた

めである。

　現在の消費と将来の消費について考えたとき、利子率が上昇するということは、現在の消費と比べて将来の消費のほうがコストとして安くなるということ（現在の消費をがまんすることで、将来多くの消費をすることができるということ）である。この効果は、現在の消費を減らして将来の消費を増やそうという方向、すなわち貯蓄を増やす方向に働く。これは代替効果になる。

　一方、利子率の上昇は貯蓄からの利子を増大させるため、所得を実質的に増加させる効果を持つ。現在の消費が上級財であると仮定すると、これは現在の消費を増やす方向に働く。すなわち、現在の貯蓄を減らす方向に働く。これは所得効果と呼ばれる。

　したがって、全体として貯蓄がどうなるのかということは、代替効果と所得効果の大小関係で決まってくる。代替効果が所得効果よりも大きければ、全体として貯蓄は増加するが、逆に代替効果が所得効果よりも小さければ、全体として貯蓄は減少することになる。よって、利子率が上昇したとしても、それによって貯蓄が増加するのか減少するのかということについては、はっきりしたことはいえない。

〇×問題

1．投資の限界生産性（投資を1単位追加的に増やしたときに得られる収益の増分）が1＋利子率を上回っているときは、投資を減らすのが望ましい。

2．年金資金を運用せず、それを受け取った企業や政府が、その資金をそのまま年金受給者に渡す方法は、年金の賦課方式と呼ぶ。

3．年金資金を受け取った企業や政府が、その資金を株式や債券などの形で運用して、年金を支払う段階でそれを取り崩して渡すという方法は、年金の積立方式と呼ぶ。

4．利子率が5％であるとき、1年後の1000円の割引現在価値は、1000円を上回る。

解答

1．×。投資の限界生産性から1を引いたものを、投資の限界効率と呼ぶ。こ

の投資の限界効率が利子率を上回っているときは、追加的な投資から得られる収益のほうが、その機会費用である利子を上回ることになるので、投資を増やすほうが望ましい。資源配分の観点からは、投資の限界効率と利子率が等しくなるところまで投資を行うことが効率的である。

2．○。

3．○。

4．×。割引現在価値は1000円を下回る。この場合、約952円（＝ 1000円／(1＋0.05)）になる。

補足

　割引現在価値とは、将来の収益を現在の時点で評価した値です。利子率が$100r$％である場合、現在の１円を金融資産で運用すると、１年後には$(1+r)$円になります。これは、１年後の$(1+r)$円の割引現在価値は１円ということです。このように考えると、１年後の１円の割引現在価値は$1/(1+r)$円ということになります。また、T年後の価値がA円であれば、複利計算の考え方から、割引現在価値は$A/(1+r)^{T}$円になります。

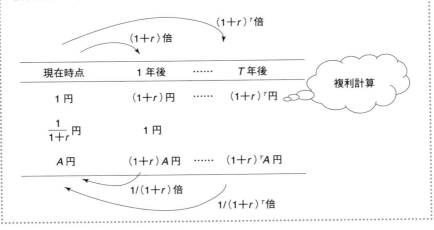

伊藤元重 （いとう・もとしげ）

1974年、東京大学経済学部卒業。1978年、ロチェスター大学大学院経済学研究科博士課程修了。1979年、同大学Ph.D.取得。その後、東京都立大学経済学部助教授、東京大学大学院経済学研究科教授、学習院大学国際社会科学部教授等を経て、2016年より東京大学名誉教授。

著　書　『マクロ経済学 第2版』（日本評論社、2013年）
　　　　『入門経済学 第4版』（日本評論社、2015年）
　　　　『どうなる世界経済──入門国際経済学』（光文社新書、2016年）
　　　　『ミクロ経済学 第3版』（日本評論社、2018年）
　　　　『ビジネス・エコノミクス 第2版』（日経BP、2021年）
　　　　『世界インフレと日本経済の未来──超円安時代を生き抜く経済学講義』（PHP、2023年）
　　　　など多数。

下井直毅 （しもい・なおき）

1995年、東京大学経済学部卒業。2000年、東京大学大学院経済学研究科博士課程単位取得満期退学。その後、日本経済国際共同研究センター研究機関研究員、多摩大学経営情報学部准教授を経て、2012年より同大学教授。

著　書　『日本の空を問う』（共著、日本経済新聞出版社、2007年）
　　　　『マクロ経済学パーフェクトマスター 第2版』（共著、日本評論社、2014年）
　　　　『入門マクロ経済学 第6版』（共著、日本評論社、2021年）
　　　　『上級国際貿易──理論と実証』（共訳、日本評論社、2021年）

ミクロ経済学パーフェクトガイド

2023年9月30日　第1版第1刷発行

著　者──伊藤元重・下井直毅
発行所──株式会社　日本評論社
　　　　〒170-8474　東京都豊島区南大塚3-12-4　振替：00100-3-16
　　　　電話：03-3987-8621（販売）　03-3987-8595（編集）
　　　　https://www.nippyo.co.jp/
印刷所──精文堂印刷
製本所──難波製本
装　幀──山崎登・蔦見初枝
検印省略　©2023 ITOH Motoshige, SHIMOI Naoki
Printed in Japan
ISBN 978-4-535-54049-1